ひとりで老いるということ

松原惇子

SB新書
522

はじめに

自分がひとりだからというわけではないが、「ひとり」はわたしにとり外せないテーマである。既婚未婚にかかわらず、子供がいるいないにかかわらず、人はひとり。オギャーと大きな泣き声をあげて暗闇から外界に出てくるときはひとり。

そして、最期も、ひとりで外界に別れを告げ、暗闇の中に入っていく。泣きながらか笑いながらかは、わからないが、どんなに優しい家族がいようが、どんなに愛する人がいようが、誰も一緒に旅立ってはくれない。結局、「ひとり力」が最後に試される。

自分が病気ではないかと心配になるほど、わたしはいつもこんなことを考えている。

諸行無常の言葉ではないが、毎日の変化には気づかなくても、1年、5年、10年という単位で振り返ってみると、社会の変化と自分の姿の変化に驚きを隠せない。

「若いわ。年には見えない」と年下の人から褒められたのはいつの日か。最近では、

「その年なら当然ですよ」と、相手の言い方にも変化が見られ、老いたライオンの気持ちがわかる気がする。

自分もここ数年でめっきり老けた。60歳ぐらいまでは自覚しにくかったが、70代に入ったとたんに、日に日に変化していくのがわかる。80代になったら？ 90代になったら？ わあ、どうなるのだろう。まったくもって、自信がない。

50歳のときに「これからは、ひとりの人が増え、老後はひとりになる新しい時代が来る」と直感したわたしは、ひとり女性の老後と今を応援する団体を作った。当初はシングルの女性がほとんどだったが、年月と共に、家族形態も考え方も変わり、子供のいない既婚女性や、子供がいても子供に頼りたくないという女性たちも参加するようになった。

内閣府が発表した「平成30年版高齢社会白書」によると、65歳以上の人がいる世帯の中で、夫婦のみ世帯と単独世帯が、全体の半数を占めるという報告がなされている。

65歳以上の高齢者のひとり暮らしの人は、大幅な増加傾向にあり、昭和55（1980）年は、男性4・3％、女性11・2％であったが、2015年には、男性13・3％、女性21・1％となっている。この傾向から、10年後、団塊世代が80代になるときは、

「ひとりで老いる」のは当たり前の時代になると予測される。

「ひとりで老いる」はあなたのこと、わたしのこと、みんなのことだ。妻がいるからと言って安心してはいけない。自分の老いは、自分で対応する時代がそこまできている。

わたしは年配の方の話を聞くのが好きだ。なぜなら、自分がこれから経験するだろう老いをすでに経験している人たちだからだ。自分にとっての未知の世界を経験している人たちだからだ。

わたしは、親にもならずに、自分のことだけで生きてきた欠けた人間だ。だからこそ、わたしは「ひとり」を全うして終わりたいという強い気持ちがある。それにはこれから何をしたらいいのか。どういう心構えで生きたらいいのか。何を大事にしたらいいのか。

「終わりよければすべてよし」という言葉が、身に染みる年齢になった。ひとりが気楽でよかったのは自分が若かったからだと思う。おそらく、これからが人生の正念場だろう。

今回、この本では、わたしが出会ったひとり暮らしの年配の方たちの話を中心に書かせていただいた。

もし、その中に、一つでも皆さまにとり、「ひとりで老いる」ための良いヒントがあったなら、うれしい。

2020年9月

松原惇子

ひとりで老いるということ　目次

第2章　高齢ひとり暮らしにしのび寄る魔の手

第3章　ひとりで何歳まで頑張れるか

第4章 ひとり暮らしの人が終末期のために準備しておきたいこと

第5章　あなたの理想の死に方は?

第6章　ひとりで明るく老いる秘訣

第1章　高齢ひとり暮らしの現実

長生きはつらい

年々増え続ける100歳人口

日本の100歳以上の人口は、厚生労働省の調べで7万1238人（2019年9月13日時点）と報告されている。前年の2018年から1453人増え、なんと、日本の100歳人口は49年連続で過去最高を更新しているそうだ。長生きは加速しているように見えるが、100歳以上の方と暮らしたことのある人は、実際にはそんなに多くはないと思う。

わたしたちは、100歳の有名人をテレビで見ることはあっても、100歳の人と接したことのある人はごく少数ではないだろうか。

　そう言うわたしも同じで、近所のお婆さんは１０６歳で亡くなったらしいが、姿を見たことがないので、実感が湧かない。１００歳以上を生きている人は、どんな状態の中にいるのだろうか。おそらく、多くの１００歳以上の方は、家族の世話になって自宅で暮らしているか、介護施設で暮らしているに違いない。

　日本政府は、国民が１００歳まで生きることを前提に、働き方改革を打ち出しているが、永田町の人たちの頭がおかしいと言わざるを得ない。はっきり言って、後期高齢者になってまでも議員をやっているほうが異常だ。権力の味を知っているあなた方がやりたいのはわかるが、日本全体を考えたとき、その椅子は若い人に譲るべきだ。

　ああ、そうは言っても若い人も政治に関心のない人ばかりで嫌になる。諸外国では、おかしいと思うことはデモをして政府に抗議する。香港も韓国もフランスもそうだ。

　この話をしていると、頭に血が上り、倒れそうになるのでやめるが。

　人間は、医学の発達で１００歳まで生きられる肉体を得たが、それと人間らしく生きることは違うと思う。マスコミで取り上げられる素敵な１００歳には申し訳ないが、一瞬だけを切り取れば素敵かもしれないが、１００歳は１００歳なのだ。

わたしのまわりには平均寿命をゆうに超えているにもかかわらず、元気でいきいきと暮らしている方が多い。しかもそのほとんどがひとり暮らしだ。そんな方たちを見ていると、自分も90歳ぐらいまではひとり暮らしができそうな気になるが、1年と言わず3か月後に会うと、体がひとまわり小さくなり、めっきり弱くなっている姿を見せつけられ、老いの厳しさを痛感させられる。

死ぬまで老い続けるだけの日々

佐藤さん（仮名）は、3年前に母親をがんで亡くした。母親はまだ79歳だった。58歳のときに胃がんが見つかり、胃の5分の4を切除。娘の佐藤さんは、その手術が必要な手術だったのか、今でも疑問を感じているが、当時は知識のない自分だったので医者の言いなりだったと自分を責めている。

この手術をきっかけに母親の体は弱り始めた。当時、佐藤さんの母親の父親（つまり佐藤さんの祖父）は存命で、同じ町内に息子夫婦と暮らしていた。その祖父は、100歳を過ぎていたにもかかわらず、普通に家で生活できていたというのだから驚く。しかも、日課として、毎日佐藤さんの家に通ってきたというのだ。

「ひとりで？　歩いてですか？」とびっくりして聞くと、佐藤さんは笑いながら頷いた。しかも、朝9時に来て、お昼を食べて、夕方4時半に帰るというのだから、まさにデイサービス状態だ。胃がほとんどない母親は、70代に入ると「暑い」「疲れた」を連発するようになったが、父親が毎日来ることを拒まない優しい人だった。

100歳を過ぎた祖父はどんな風に毎日を送っていたのか気になるところなので聞くと、苦笑いしながら答えた。

「祖父は、死にたい、死にたいって、しょっちゅう言っていましたよ」。その言葉しか記憶がないほどだという。

どう答えていいかわからなかった彼女は、「お爺ちゃん、なんで、そんなに死にたいの？」と聞いたところ、祖父は「長生きしても意味がない」と答えたと言う。人により違いはあるだろうが、100歳を超えればいくら見た目は元気でも体を動かすのもひと苦労に違いない。それでも彼が歩いてやってきたのは、そこまでたどり着ければ、日がな一日、何もしないで過ごせるからだろう。

老いるというのは過酷だ。60代の老いと、80代、90代の老いは、同じ老いでも衰え方が違う。90代になると、息をすることさえ、大変になる人も出てくる。しかも、死ぬ日まで老い続けなくてはならないのだ。90代で活躍している著名人もいるが、稀だ。雑誌の中ではイキイキしていても、家ではグッタリが自然だからだ。

わたしには祖父の「早く死にたい」という気持ちがわかる気がする。健康だろうが、優しい家族がいようがいまいが、きっとそういう条件の問題ではないのだ。

「死にたい！　死にたい！」。それを毎日聞いていた佐藤さんの母親も大変だったに違いない。

祖父は自宅で105歳のときに転んだが、息子の家より娘の家のほうがよかったようで「ここから出してくれ！」と叫びまくり、ひとりで這うように自宅を出て佐藤さんの家に来たと言う。結局、最後は佐藤さんの母親が面倒を看ることになったのだが、105歳のときに転倒したのをきっかけに106歳で、死を迎えることができた。

養子縁組するのはいいけれど

ひとりの人は遺言書を書こう

どんなに元気でいきいき暮らしているように見える老人でも、老人であるというだけで孤独を抱えていると言っていいだろう。肉体が若いときは、外に心が向いているので、さほど感じない孤独だが、老いてくると、隠れていた孤独が雪崩《なだれ》のように襲いかかる。70代のわたしは、まだ老人と呼ばれるには若いかもしれないが、孤独が顔を出して大きくなろうとしているのを感じる。

人は、他の動物と違い、孤独を背中に背負って生まれてくる。その孤独は死ぬまではがれることはない。どんなにお金持ちで家族に恵まれた人でも、人間である以上、孤独でない人はいないだろう。

NPO法人SSS《スリーエス》ネットワーク（わたしが代表を務める「ひとりの老後を応援する会」）の活動を通じて、高齢ひとり暮らしにもかかわらず、普通に暮らしを続けている人をたくさん見せてもらってきた。自分がまだ60代のときは、「あのように元気でいきいきと80代になれたら」と憧れの気持ちで見ていたが、自分が70代に入り、老いの寂しさを身をもって感じられるようになったせいか、老いるというのはそう簡単なことではないと、痛感している。

なぜなら、60代にどんなに元気で素敵だった人でも、80代になるとそれなりに頭も体の動きもしゃべり方もゆっくりになる。今でさえ、時々、生きていることに意味を見いだせずに自問自答することがあるのに、80代、90代になったらどうなるのか。正直、不安を隠せない。

今年、ついに90代に突入した元気で明るい女性、田中さん（仮名）がいる。「夫は夫の代々の墓へ、わたしはSSSの共同墓の契約をしてあるので、皆さんとご一緒させていただきます。ありがとう」と顔を合わせるたびに感謝されるので、こちらも彼女のことを気に留めるようになった。

予定通りに夫を見送ったのが10年前だ。子供のいない田中さんには友達も多く、夫の年金も多かったので何不自由のない老後を送っている。

しかし、わたしは、余計な忠告と知りつつも、「田中さんは子供がいないのだから遺言書だけは書いておいたほうがいいわよ。そのうちと言ってるうちに死んでしまうわよ」と言ってしまう。あまりしつこく聞くとわたしが彼女の財産を狙っているように思われるので、遺言書のアドバイスはとても難しい。

ご存知だと思うが、親やきょうだいも子供もいないおひとりさまの場合、遺言書がないとすべての財産は国に没収されるからだ。

先日、田中さんに連絡を入れると、「まあ、心配してくれてありがとう。体はがたがただけど、元気にやっていますよ。毎日することがあって忙しいの」とうれしい状況報告があった。

なんでも、後日、公正証書遺言書を作成したようだ。

養女という名の泥棒

しかし、誰を遺言執行人にしたのか、おひとりさまの終活に詳しいわたしは気になり聞いた。

姪がいると言っていたので、姪にしたのだろうか。それとも、誰か親しい人がいるのだろうか。名探偵コナンになったわたしは、失礼とは思いながらも聞かずにはいられない。なぜなら、先輩の話は後に続く者にとり、参考になるからだ。

今までの例からみると、ひとりの人の場合、遺言執行人を司法書士などの専門家に頼むことが多い。わたし個人の意見だが、それは賢明な選択だと思う。なぜなら、仕事としてきちんとやってもらえるからだ。

彼女の遺言執行人は、子供ほど年の離れた女友達だという。

そこで、名探偵コナンは「これは事件だ」と直感した。さらに話を聞いていくと、なんとその女友達と養子縁組したというではないか。元気で自由に暮らしていた彼女だが、年齢からくる不安があり、養子縁組することで、安心を得たかったのではないかと推測される。

断っておくがひとりの人が、高齢になり養子縁組するのを否定する気はない。本人がそれで安心するならいいことだからだ。高齢ひとり暮らしで財産のある女優や作家の中には、人生の最終章で、養子縁組する人はとても多い。つまり、死んだら自分の財産を養子にあげるかわりに、自分の最後の面倒をみてもらえるからだ。

しかし、問題は養子縁組したからといって、自分の子供ではない点だ。紙の上では親子だが、子供としての役割を担わないケースはよくある。

銀幕のスターだったある大女優さんの場合だが、子供のいなかった彼女は、夫に先立たれ孤独に打ちひしがれていたとき、仕事で付き合いのあった40代のシングル女性と養子縁組した。しかし、戸籍上の子供になったとたんに、二人の関係は逆転し、養女は大女優を支配するようになったという。大女優の古くからの友人から聞いた話なので本当だ。

友人が嘆くには、最初の頃は電話に本人が出たが、最近は彼女の自宅に電話しても、本人を出さず、養女が出て、「これからは、わたしがやりますので、電話をしないでください」と釘を刺されたと言う。よくあるケースなのだが、養女になった人にとり、養母の昔の友達は邪魔なのだ。悪く言うと、養女にとり養母は人質なのだ。都合の悪いことをしゃべられたら困るので、会わせるわけにはいかないのだ。

いくら現役のときは華々しい活躍をしていても、90歳近くになり老いてくると、まわりの人はただの老人としか見ず、態度が変わるのは残念だがよくある話だ。養女になった彼女の最大の関心は、その大女優が早く死ぬことだろう。まるで、火曜サスペンス劇場のようだが、これが現実だ。

友達の話によると、養女ができて安心していた大女優だったが、案の定、体調が悪いときにご飯を作ってくれるわけでも、見守りに来てくれるわけでもないとこぼしていたらしい。これから介護が必要になったらどうなるか。養女からすると、介護の契約をしたわけではないので平気みたいだ。お金があるところには、悪い人がつく。どうぞ親切そうに近寄ってくる人にはお気をつけください。

だから、お金のない高齢者はラッキーですよ。もし、お金があったとしても、絶対に自慢してはいけない。ひとりになった高齢者は、貧乏なふりをするに限る。それでも寄ってくる人がいたら、幸せだと思いましょう。

有料老人ホームでラブラブライフ

有料老人ホームの知られざる実情

２０２７年には団塊世代が80代に突入するため、高齢者ビジネスに参入する企業が増えている。そのため、東京近郊では、新しい有料老人ホームの建設が多く目に付く。

有料老人ホームと言っても規模、設備、サービス、経営方針などさまざまなので、一概に「近頃の有料老人ホームは」と言うことはできない。

仕事がらたくさんの有料老人ホームを見てきたが、なかなか実際の様子を知ることができないのが施設というところだ。

先日、自分の家から一駅先に新しくできた有料老人ホームでパートの掃除婦として働いている60代の女性の話を聞く機会を得た。そこで、仕事の大変さなど聞いてみたところ、意外にも、「掃除の仕事は、ぜんぜんストレスがないので楽」と言われ、肩透かしにあう。

掃除の仕事は人と話さなくていいので楽だと言う。人間関係の煩わしさがないので、人によってはいい仕事かもしれないとわたしは思った。

「わたしが掃除婦をしていることを夫は知りません。以前は、クリニックの受付のパートをしていたので、掃除婦と知ったら『やめろ』と言われるに決まっているので」と笑った。

彼女は楽しそうに語る。

「わたしが働いているところは、新築の有料老人ホームなんです。だから、どこもかしこもきれいなのよ。トイレも廊下もピカピカ。クリニックより広くて、清潔で、職場環境としては最高。それに、わたしの担当は、掃除といってもトイレ掃除ではなく、居室のお掃除なんです。ヘルパーさんや介護スタッフの方だと、入居者が話しかけてきたら相手をしないといけないでしょうけど。掃除の場合、掃除機の音もうるさいし、隅々まで掃除するので、入居者の方とお話する時間がない。だから、面倒くさくなくて、すごくいいの」。人と話さなくていい仕事は、自分に向いていると言う。

ひとりでも寂しくない理由は

とはいえ、そこは老人施設だ。嫌なこともあるのではないかと食いつくと、「うーん。逆におもしろいですよ。いろいろな老人がいて。ラブラブな人もいるし……」と笑いだした。

高齢者ばかりが住んでいる施設というものに対して、わたしはあまりいい印象を持っていないので、ラブラブと聞き、耳を疑った。しかし、それはわたしの狭い固定観念のせいで、施設とはいえ、楽しんでいる人もいれば、退屈している人もいるのだ。孤独な人もいればラブラブの人もいるのだ。決めつけるのは、わたしのよくないくせだ。反省！

「80代になっても、色気のある女性や男性はいます」と、彼女は肩をすくめた。真っ赤な口紅をひき、きれいな色の服を着て、甘い声で男性入居者を誘う。まるでオランダの飾り窓の女のようだが、男性は吸い寄せられるように彼女の部屋に行き、楽しんでいるという。

　これまで、わたしが施設で見てきた光景は、窓のそばで寂しそうに外を眺めている人ばかりだったが、異性が好きな人は、どこにいても幸せになれるようだ。

「二人でキスしているところに、掃除機持って入ったこと、何度もありますよ」

　まるで「家政婦は見た」みたいだ。

　自宅で邪魔者扱いされているより、施設に入って、恋を謳歌《おうか》する。高齢だからこそできる技かもしれない。

　一般的に有料老人ホームの男性入居者は1～2割と少ない。男性にとり、こんな有利な場所があるだろうか。息子や嫁に施設に入れられたと、嘆いていてはいけない。どんなところでも、自分次第で楽園にできるのだ。

　有料老人ホームで、好みの相手を見つけて幸せな余生を送る選択肢は、わたしにはないが、妻に先立たれ自宅でひとり寂しく暮らしているぐらいなら、施設で好みの女性とお話ししたり、散歩したり、いちゃいちゃしたりしているほうが、よっぽど楽しい人生と言えるのではないだろうか。

　それに、施設なら、子供たちの目を気にすることもない。何をしていようが、誰とお付き合いしていようが自由だ。でも、施設に入ってみたら、元気な女性はいなかった？　まあ、それはそれで頑張ろう。

女性は灰になるまで女らしいので、施設で灰になるまでワクワク過ごすのはどうですか。ただし、男性にはもうこりごりという女性にはお勧めできないので、そんな人は、窓の外の植物を観察しましょう。

半身麻痺でも、ひとりでできないことは何もない

もし半身麻痺になったら？

毎月開催しているあるＮＰＯ主催のシニアの集まりに、杖をつきながら必ずやってくる70代後半の男性、山田さん（仮名）がいる。脳梗塞の後遺症で体の右半分が麻痺しているが、左の杖に頼りながら、電車で横浜駅近くの会場まで来る。途中には階段もあるが、エスカレーターを探すことはない。一歩足を出すのも大変そうなので、はじめて、わたしが山田さんに会ったとき、「大丈夫ですか？」の連発だったが、何度も会っているうちに、気にしないでいいことがわかった。

彼は彼のやり方で歩く。上る。下りる。しかも実にうれしそうな表情をいつもしている。同情はかえって失礼なのだ。

脳梗塞は発見さえ早ければ、後遺症も軽くてすむ病気らしい。しかし、長生き時代において、がんよりも怖い病気と感じている人も多いだろう。わたしもそのひとりだ。がんの種類にもよるが、がんは手術後、普通の生活に戻れるが、脳梗塞の場合は、体に麻痺が残ることが多いので、その後の生活に大きな支障が出るからだ。

時々近所で、脳梗塞の後遺症だと思われる高齢者の方が歩いている姿を見かけることがあるが、一歩が大変そうだ。もし、自分が半身麻痺になったらひとりでどうやって、暮らしたらいいのか。想像すると恐ろしくて眠れなくなる。

集まりに来る人たちに「山田さんはすごいよ。尊敬するよ」と言わせるのは、彼は晴れの日だけでなく、雨の日もやって来るからだ。

「天気を理由に出かけないということはないよ」と山田さんはあっさりと答える。さらに、日常生活の不便さについて聞くと、これまた、あっさりとこう言われてしまった。

「僕は全部、ひとりでやりますよ」

わたしは我が耳を疑った。炊事もということなのか。妻はいるらしいが、１階と２

階でそれぞれが自立して暮らしているという。山田さんには、「半身麻痺になった自分の世話を妻にさせたくない」という男のプライドがあるようだ。

「でも、そうは言っても。ご飯を作って食器を洗って……、掃除、洗濯、家事って、やることはたくさんある。ひとりで全部こなすって大変じゃないですか」

するると、山田さんは「全部、ひとりでやれます」と自信に満ちた笑顔で言った。

「全部？」わたしが驚いていると、「そう、ボタン付けも、最初はできなかったけど、今では左手と足を使ってやれるようになりましたよ。アハハ」といとも簡単に言うではないか。また、口や足の指を使い、どうしたらできるかを研究するのが楽しいとまで言い切る。さすがにボタン付けを習得するまでには時間がかかったようだが、できたときの喜びは格別だとご満悦だ。

「ひとりでできないことは、なんにもない」

なんてすごい人なのだろうか。失った能力を嘆くのではなく、今存在する能力を120％使い、不自由を克服する。

老いれば、身体能力が下がっていく。昨日できたことも明日はできないこともある。ただ老いるだけでも、それだけのことが起きるのに、ましてや半身麻痺になれば、身体能力は落ちるどころか消滅に近くなる。しかし、山田さんを見ていると、老いは気迫と、根性でなんとかなる、と思わされる。

今はよくても、もっと高齢になったら？

とは言え、70代後半の今は工夫を凝らして乗り越えられたとしても、もっと高齢になったとき、彼はどうするつもりなのか、わたしは聞かざるを得なかった。

すると、山田さんは左手で上手にフォークにパスタを巻き付け、口に入れると言った。

「それね。ええ、先のことはもちろん考えていますよ。ひとり暮らしも限界がありますからね」

「で、どうするつもりですか。よかったら聞かせてください」とわたしが迫ると、また、いい笑顔で言った。

「今はね、集会や勉強会など行きたいところがあるから、横浜に住んでいないとダメだけど、ここでずっと暮らさなくてもいいと、思ってます」

どこに引っ越すのだろうか。すると彼はうれしそうに言った。

「九州の故郷に戻ろうと思っているんですよ」。山田さんには妻はいるが、実生活においては自分は「ひとり」という意識で暮らしていることがわかる。

九州に実家が残っているのか気になったので聞くと、実家はすでにないが、幼馴染《おさななじみ》が何人か暮らしているはずなので、地元のサ高住（サービス付き高齢者向け住宅）に入居することを考えているという。決め手は九州のサ高住は東京に比べて安いし、故郷の地で生き残っている数人の幼馴染の中で暮らしたいと思うようになったこと。

彼の息子や娘は家族を持っているため、親である自分の面倒を見させるわけにはいかない。妻も高齢になるので迷惑をかけたくない。妻には「自分のことは自分でするので、心配しないでくれ」と言ってあるそうだ。もちろん、これに文句を言う妻はいないだろう。

日本にもこんなにも自立した男性がいることに驚き、同時に尊敬した。妻や子供にとり、自立した父親ほどありがたいものはないからだ。

帰り道に5段ほどの階段があり、手を差し伸べそうになったがやめた。山田さんはまるでゲームでも楽しんでいるかのように、一段一段笑顔で下りて行った。わたしたちは、横浜駅構内の雑踏の中で別れた。わたしは、彼の後ろ姿に、九州の田舎のサ高住の窓から緑の畑を見て満足そうに生活している姿を重ねて見ていた。

親から学ぶひとりの老後

人の老いのプロセスを毎日観察

親と同居したことのある人にしか知り得ないことがある。それは「老いのプロセス」である。福祉の仕事に携わっている方や専門家は、一般の人よりは知っているかもしれないが、親と毎日暮らしている人に比べたらかなわないだろうと、わたしは母と同居してそのことを痛切に感じている。

86歳で母親を見送った独身ひとり暮らしの小林さん（仮名・60歳）は、「母親にもっと生きていてほしかった」と、会うたびに言う。わたしも85歳の父を見送っているので、気持ちはわかるが、こんな言い方をしたら誤解を招くかもしれないが、86歳で亡くなられて家族は助かったのではないかと思ったりする。どんなにいい母親でも、長く生きられて、しかも自宅で子供たちが世話をしなくてはならなくなったら……。

きつい言い方かもしれないが、85歳までは、まだ人としての原形を留めているが、90代になると、一回り体が小さくなるだけでなく、骨が丸まり、かなり厳しい状態になる。もちろん、その年でもひとり暮らしをしている人もいるが、ほとんどの方は、誰かの世話にならないと暮らせない状態だ。

親が、子供の手を借りないであの世に旅立つことほど、子供にとり助かることはない。経済的事情で老老介護をやむなくさせられている人もいるが、本当は政府が手を貸さなければならないことではないのかと思う。トランプから中古品の戦闘機買ってる場合じゃないわよ。そのお金を高齢者福祉にまわせ、と言いたい。

小林さんにとり母親は時々会う人だったため、母親にいい印象しか持っていないのはわかる。わたしが母親と同居する前がそうだったからだ。若いときからひとり暮らしで生計を立ててきたわたしにとり、時々外で会う母親は素敵な人だった。しかし、同居するようになってからは、毎日見る存在となり、感じ方も変わった。母親も娘のわたしの嫌な面をたくさん発見し、うんざりしているはずだ。わたしが同居して唯一よかったと思えることは、母の老いの変化を毎日観察できることだ。つまり、自分がこれから行く道を母親が見せてくれているからだ。

わたしが、もし、ずっと、目黒のマンションでひとり暮らしをしていたなら、自分の老いや死について深く考えることもなかった気がする。

先を憂えず、今日を一生懸命生きる

未婚で現在、実家でひとり暮らしの佐々木さん（仮名・63歳）は、父親と母親の介護の人生を送ってきた人だ。40代で仕事を辞めたのも父親の世話をするためだった。推測するに、彼女は経済の心配がない環境にあったように思われる。父親を送り、残された母親を送ったのは、今から5年前の58歳のときだ。

彼女は語る。「親と同居するのは、大変なことだ」と。自分が子供で親と同居しているのと、自分が大人で親と同居しているのは違う。なぜなら、親は老いていくからだ。老いるというのは母とはいえ、別人格の人になることだと、彼女は語る。

「この人は別人格の他人なんだ」と自分に言いきかせながら、彼女は母親と接していたということだ。

人は、老いると気持ちが頑固になり協調性がなくなる。出かけても自分のことしか考えていないので、「ここで待っていてね」と言っても、いなくなってしまい、迷子になることがあったらしい。

「まわりの人を見ていると、みんな、老いていくことの自覚が足りないなあって思います。みんな、わたしはそんなはずはないと思っているから」と笑った。

彼女が母親と同居してよかったことは、親の老いを見せてもらったことだと、断言する。

日々見ているので、「ふーん。こういうふうにできなくなっていくんだ」「こういうふうによちよち歩きになっていくんだ」「こういうふうに髪が薄くなり、地肌が見えるようになるんだ」「顔をこすっただけで真っ赤になるんだ」「こうやって体が痒《かゆ》くなるんだ」とわかるという。

衰えの身体的変化を母親がきちんと見せてくれたので、老いを嫌だとか怖いと思うことはないと笑いながら話す。

「老いって自然なんですよ。誰もがそうなる。わたしも髪が薄くなってきたけど、隠すのではなく、『はいはい、そう来ましたか』と楽しんでますよ」

彼女は両親の老いを間近で見てきているので達観している。さすがに経験してきた人は違うと感心する。

彼女の母親の観察体験によると、次に来るのが食欲がだんだん細くなることだという。「食べたくなくなるのね。だから、昼ご飯を食べる時間が、12時、１時、２時とだんだん遅くなるのよ」

わたしにはまだまだ食欲はあるが、いつか、その日が来ることを想像しながら聞いていた。

「先のことはわからないわ。最近引っ越したんですが、60代になってから、自分が引っ越すとは思わなかった。先ってそんなものですよ。だから、90まで生きるかどうかもわからないし、病気にかかるかどうかもわからない」

弱冠63歳にしてしっかりした考え方を持つ彼女に、本心かどうかわたしは聞かざるを得なかったので聞いた。すると、彼女は実にさわやかな笑顔を返してきた。

「自分の人生が突然終わってもいいや、という気持ちで毎日を送ってますよ」

「母は、わたしがいたからスンナリとあの世にいけたけど、わたしはひとり。もしひとりで長生きしたらどうしよう。そのときは誰に助けを求めたらいいのか。以前はそんなことが不安でたまらなかった。でも、母の老い方を観察できたことで、自然にまかせて生きようと思うようになりました。ババアになったら、家の中を這って暮らせばいいいと」

そう言って、スッキリした顔で笑った。

先を憂えることなく、今日を一生懸命生きる。できそうでできないことだが、目指したいとわたしも思った。結局、何歳まで生きるかではなく、今をどう生きるかにつきるのかしらね。

ひとりだろうが、高齢だろうが、それは楽しく生きる弊害にはならないのだ。

仕事が大好きな90歳は骨折しても仕事に行く

経理の仕事が大好き

「こんにちは」とSSS事務局を訪ねてきた小柄な女性の年齢が、90歳だと知り驚く。体は小さいが、背中も曲がっておらず、しゃきっとした立ち姿。話し方にも年寄り臭さはない。地味だが服装にも清潔感があり、髪もきれいに整えている。靴もスニーカーではなく黒の革靴だ。年齢を言わなければ80歳で通用する元気さだ。

SSSを22年間続けている間に、「聞きたいことがあるから」と事務局を訪ねてきた90歳はいない。とにかく、年齢にびっくりしてしまい、質問攻めにしてしまった。

「わあ、井上さん。しゃきっとしていて素敵！　本当に90歳でひとり暮らしなんですか？　わあ、聞かせてください」と、立場が逆になってしまったが、本人がとてもうれしそうにしてくれたので助かった。

90歳を超えた人で、外にひとりで出て来られる人は、どのくらいいるだろうか。家にいて元気な人はいるだろうが、90歳を超えると、外出が怖くなるのが普通だ。外出できる人は、足腰だけでなく、人ごみの中をかき分けて歩く体力・判断力も衰えていない証《あかし》だ。

事務局を訪ねてきた井上さん（仮名）は結婚歴なしの筋金入りのおひとりさまだ。現在は、鎌倉市の高齢者対象の市営住宅が抽選で当たり、そこに住んでいる。22世帯のうちの8世帯が単身者用だという。これはわたしの考え方だが、公営住宅を終《つい》の棲家にするのは賢明だ。サ高住よりもお金がかからない上に、公営なので潰れる心配がない。また、年齢を理由に追い出されることもないからだ。

間取りを知りたくてネットで調べてみると、高齢ひとり暮らしには最適の広さの2DKで、ひとり暮らしには十分な大きさだった。

井上さんは、経理の仕事である会社に就職。経理で課長まで務めた人だ。長い人生の間には、結婚話もあったが、妥協できない自分に気づき、仕事で生きていく決心をする。

しゃきっとした姿勢は、仕事にプライドを持っている証拠だろう。定年まで勤め上げ、その後は、派遣会社に登録し、さまざまな会社の経理をこなしてきたという。そして、現在は、経理で困っている会社やＮＰＯの経理を手伝う形で、経理の仕事を続けていると言うのだから、すごい。つまり、経理一筋の人間、それが井上さんなのだ。

「わたし、経理が大好きなんです」ととてもうれしそう。そして、こうまで言い切る。「わたし、経理なら、１円も間違わない自信があります」。働く女性の先輩である井上さんを、ただの高齢者としか見ていなかった自分が恥ずかしくなった。

死ぬまで経理を続けたい

井上さんは、長い人生の間には脊柱管狭窄症《せきついかんきょうさくしょう》（加齢や病気などが原因で神経の通り道が狭くなり、神経が圧迫されることで歩行困難などを引き起こすこともある症状）も経験した。骨折もしたことがあるが、そのときも仕事は休まなかったと言う。脳梗塞の薬をもらっていたときもある。いろいろあるが、気持ちが後ろ向きになったことは一度もないと言う。

なぜなら、経理が好きだからだ。好きなことがある人は強い。それにしても、これほどまでに愛せる仕事を持っていることが羨ましい。

わたしは書く仕事をさせていただいているが、書く仕事が大好きとまでは言い切れないところがある。書く仕事は、自分の生活の柱にはなっているが、孤独な仕事なので、「こんな根暗な仕事、やってられない」と、突然、ステージに上がって歌いたくなったり、特許をとり起業したくなったり、心がしょっちゅう揺れるからだ。しかも、前向きなときばかりではなく、時々、長生きの不安から、「その前に死にたい」、と本気で思うのである。だから、90歳の井上さんを前に、語るものがないわたしだ。

経理一途で前向きに生き続けている井上さんにも、一度だけガクンと来たことがあるそうだ。それは、姪からの「お婆ちゃま、いつまで仕事なさるんですか」の一言だった。「仕事を辞める」という発想を持ったことがなかったが、辞めなければいけないのかと奈落の底に突き落とされた気がして、数日落ち込んだそうだ。

彼女はわたしに質問されているのが、たまらなく楽しいようで、なんでも話す。意地悪なわたしは、弱音を聞きたくて質問を試みる。

「井上さん、年とったなあって感じるときって、どういうときですか」

するると、きっぱりとした口調で返ってきた。

「あら、皆さんは年を気にするのですか？　わたしは、自分が年だと思ったことがありません。だって、いくつになっても、心は変わらないでしょ」

はははあ、ごもっともです。でも、心が弱くなることがあるはずだと思い質問した。

「井上さん、でも、もし、100歳以上生きたら、どうするつもりですか。ひとり暮らしでどこまで頑張れると思いますか」

するると、彼女は答えた。

「身内がわたしの部屋を用意して待っていてくれているらしいの。でも、そこに行く気もなければ、施設に行く気もないですよ。もしかしたら、最後は特別養護老人ホームのお世話になることはあるかもしれないけど、そのときは、そこで経理を手伝いたいの」と言うのだからあっぱれだ。

わたしは、要介護5の人が経理を手伝っている姿を想像し、ひとりで笑ってしまった。映画になりそうだ。是枝裕和監督に売りこもうかしら。

とにかく、今は経理の仕事であっちのNPO、こっちの支援グループへと助っ人で行っているので、忙しくて、他のことを考えている暇がないとおっしゃる。

「経理は趣味だから、死ぬまで続けますよ」

なんとも、かっこいい未来の特別養護老人ホーム経理担当の井上さんだ。

死ぬまで気を遣い続ける施設暮らし

孤独を避けようと、老人ホームに行くと……

「死にたい！」「殺してくれ!!」……。某介護付き有料老人ホームは、夜になると静かで暗い部屋に、叫びともいえるうめき声が飛び交う。全国展開している大手のこのホームは、完全に老人の姥捨山《うばすてやま》になっていると、パート職員の男性は語る。

「どの人も、家族が来るのは最初だけ。次に来るのが、死んだときですよ」

ホームがいつもと違う明るい雰囲気になるのは、見学者や関係者の訪問日だけだ。

その日は、ホーム側の意向もあり、入居者たちは、「こんにちは」とにこにこと挨拶をするので、誰も彼らの本当の気持ちを知ることなく帰る。老人は決して語らないが、老人なりに気を遣ってお世話になっているのだ。

職員が帰った後の夜のホームでは、死を待ちながら暮らしている人が息をひそめて寝ているのかと思うと不気味だ、と彼は話す。それゆえに、夜勤希望者はほとんどいない。夜勤を希望する職員は、年金では生活できない高齢者となる。

朝の老人ホームはとても忙しい。聞いて驚いたのは、パートの彼ひとりで、1階と2階の約60人のトイレの付き添いとおむつ交換をしているという。

朝になると、目覚めた老人たちが、あっちからもこっちからも、「ああ、うう」と彼を呼ぶ。到着を待ちきれず、おもらしをする人もいる。ウンコまみれで待つ老人もいる。こんなひどい状況でも老人ホームを運営する会社は、十分な数の職員をあてがわない。

老人ホームもピンからキリまであるので一概には言えないが、施設入居は、老人本人にとりいいところとは言い難い。しかし、家族にも自分たちの生活があるので、かわいそうだと思っても老人ホームにお願いするしかないのが現実なのだ。

孤独を避けるために老人ホームに移ってきた老人も多いのだろうが、確かに物理的な面では孤独は解消されている。職員はいるし、入居者もいる。でも、精神的には満たされたとは決して言い難い。

諦めて入ってくれた母親

特別養護老人ホームに、現在90歳の母親を入所させた63歳の女性の場合。

「特別養護老人ホームに入れて、あなたもお母さんもラッキーね」とまわりの人からは羨ましがられる。でも、「母親が、入所を喜んでいるわけではない」と、彼女はきっぱりと否定する。

「本人は、家で暮らしたいに決まっているじゃないの。母は、娘のわたしのために考えたあげく、諦めて入ってくれたのよ」

ホームに母親を入居させて5年半たつが、最初にホームに預けたときの母親の寂しげな姿が目に焼きつき、今でも思い出すと涙が出るという。

住み慣れた家で生活できなくなった母親の気持ちを察し、娘は毎週、母親を訪ねている。しかし彼女のように、面会に来る家族はとても少ないということだ。

寂しそうな入所者に気遣い、みんなのいる食堂で母親と話すことを避け、部屋で話すように彼女はしている。「いいね。あんたのところは娘さんが来てくれて。うちなんか、誰も来ないよ。息子がバカだから、ここに入れられちまったんだよ」。元気な入所者は、彼女に怒りをぶつけるという。

でも、そんな恵まれた彼女の母親でさえ、「早く死んじまいたい」ともらすことがあると娘は語る。決して老人ホームの対応が悪いわけではない。スタッフは親切で、いい人ばかりだ。カラオケが得意な母親は、スタッフにいつも褒められている。それなのに、なぜ、死んでしまいたいのか。

それは、老人ホームに入れられた高齢者は、どんなに立派な場所を用意されても、家族に捨てられたという思いがあるからだろう。彼らは、自分が家族の邪魔になっていることを敏感に察知する。

家族から「お母さん、いつまで生きるつもりなの?」と面と向かって言われなくても、早く死んでほしいと思われていることくらいはわかる。

娘に遠慮がちにつぶやく「死にたい」の言葉の裏には「知らない人の中で、死ぬまで暮らす精神的苦痛から抜け出したい。早く楽になりたい」という思いがあるからではないのかと。

一方、大家族の中で100歳を迎えた人は、決して「死にたい」とは言わないだろう。農業をしながら、三世代で暮らしているお年寄りをテレビで見ると、「これが幸せに老いるということ」だと、昔が懐かしくなる。

老人ホームの存在はありがたいが、孤独からくる満たされない心は、自分で満たすしかないのかもしれない。

老人ホームの職員は「お年寄りは幸せですよ」と言う

「どんなことがあっても、老人ホームなんかには入らない。絶対に嫌だ！」という高齢者もいる。しかし、子供の生活を考えると、結局は入居せざるを得ない親は多い。

有料老人ホームの利用価格にもよるが、高級なところに入居している老人の現役時代の職業は、医者、弁護士、会社役員などの社会的地位が高い方が多い。なので、お金持ちでない家は、有料老人ホーム入居の選択肢がない分、悩みも少ない。

家族としては、決して親を見捨てたわけではないが、温かい住み慣れた自宅から、知らない高齢者ばかりの施設に移るのは、誰にとっても寂しくつらいことだ。

親を老人ホームに入れることのできた家族は、胸をなでおろす。老人ホームに入れば、食事、入浴、下の世話をスタッフがしてくれるからだ。時々、外から歌や踊りを披露する人が来てくれて、楽しませてもくれる。

しかし、ここが最後の場所である高齢者たちにとり、言い方は悪いがここは独房のようなものだ。もちろん人によりけりで、老人ホームでの生活を楽しんでいる人もいる。でも表面上は楽しく見えるだけで、心の中は寂しい人も多いはずだ。

先日、老人ホームで働いているという40代の女性に会った。彼女から老人ホームの裏話が聞けると期待していたが、出たセリフは、「老人ホームに入っているお年寄りは幸せですよ」だったのには驚いた。「精神的に疲弊しているお年寄りをたくさん見てきているけど」とわたしが言うと、「そんなことないですよ。皆さん感謝してくれているし、楽しく過ごしてますよ」と彼女は答えた。

お年寄りは、ここで嫌われたら逃げ場がない

わたしの見方は偏見だったのか。しかし後日、親を預けている友人にこの話をすると首を大きく横に振った。

「うちの母は90歳からお世話になってますが、スタッフには気を遣ってますよ。利用

者のお年寄りはここで嫌われたら逃げ場がないので、にこにこと文句も言わず『ありがとう』と言うのよ。そのスタッフさんは鈍感ね。若いから、老人の気持ちがわからないのね」

そして彼女は言った。「スタッフさんはいい。仕事を終えて帰宅すれば、自分の自由時間なのだから。でも、入所者はここが暮らしの場なのよ。彼女たちには帰るところはないの」

スタッフにそこまで考えてほしいと言う気はないが、他人の世話になって暮らすというのは、家族が想像する以上に寂しいことだと彼女はつけ加えた。親をホームに入れるときは、親も娘も泣きながら決断するのだ。

以前訪ねた高級有料老人ホームで見た男性の姿を、わたしは忘れることができない。みんなから離れた席でひとりの食事が終わると、窓辺に静かに車椅子で移動し、ただ外を見ていたあの姿を。

おそらく現役のときは、それなりの役職に就いていた方に違いない。きちんとした身なりと凛《りん》とした後ろ姿でわかる。でもここでは、若いスタッフと共通の話題もなく、会話を楽しめる入居者もいないのだろう。

ホームの存在は助かるが、安心して最後まで暮らせる場所に入れただけでは、人は幸せにはなれないと、つくづく考えさせられる光景だった。

最後は独身娘の世話になる

100歳まで生きるということ

ついこの間までは、人生80年時代と言われ、そのつもりで生きてきたのに、最近、やたらと「人生100年時代」と言われるようになり、気分が悪い。

「人生100年時代」とは、世界的ベストセラー本『LIFE SHIFT（ライフ・シフト）』（東洋経済新報社）の著者で、ロンドン・ビジネス・スクールの教授、リンダ・グラットンが提言した言葉だ。彼女は、平均寿命がこのまま延びて100歳を超えるようになれば、これまでのライフステージ「教育」「仕事をする」「余生を送る」を大きく見直す必要があるという。

政府もマスコミも、やたらと「人生100年時代」を連呼する。おそらく、このブームにあやかり、年金支給開始年齢を70歳、75歳と延ばしたいだけだろう。

若い世代の人たちは、「人生100年時代」をどう受け止めているのか気になる。おそらく、今を生きるのが精いっぱいで、考える気もしないのでは。

わたしが主宰する、NPO法人・SSSネットワークの会員の中には、人生100年時代を象徴する体験をしている人が出てきている。

村田さん（仮名）は、現在84歳になったシングル女性だ。経理の仕事で成功し、現在は悠々自適の生活だが、自宅のマンションにお邪魔したときのことを、わたしは忘れることができない。

ひとり暮らしの部屋のベッドに寝ていたのは

ひとり暮らしのお部屋と言えば、その人らしいインテリアで、コーヒーの香りが漂っていたりするものだが、わたしが目にしたものは、リビングルームの左端に置かれたテーブルセットと、右側の壁にあった病院でよく見るベッドだった。わたしは、見慣れない光景に一瞬ひるんだ。

ベッドには明らかに死が近づいている村田さんの母親が寝ていた。村田さんにはお兄さんがいるが、弱くなった母親を引き取ることに嫁が反対したそうだ。家庭を持つと息子は嫁のものになりがちだ。村田さんのお兄さんも同じだった。子供がいる。時間がない。お金がない。部屋がない。の「ないないづくし」で同居を断ってきたのだ。

そこで、白羽の矢がたったのが、独身で当時70代の妹だ。これはよくあるケースだ。

独身女性の場合は、長い間、家族を持たずに暮らしてきたことから、最後は母親と一緒もいいかなと、たいていは引き受けることになる。情けない話だが、きょうだいはお金の援助も手も貸さないのが普通だ。母親の本心は、娘より息子に看取られたいのに……。

こんな言い方をしたら気分を悪くするかもしれないが、「独身女性は母親の介護要員」と思うことがある。独身女性が大半を占める団体を20年以上やってきて、いかに母親を看取ったシングル女性が多いか知っているからだ。

経済的に豊かな家族は、母親を施設に入れて万々歳だが、ほとんどの家族は在宅で世話をすることになる。少子高齢社会にあり、これは大問題だ。

人生80年時代なら、介護する年数も少ないが、人生１００年時代となると、想像しただけで頭がくらくらしてくる。

村田さんが母親と同居したときは、母親も寝たきりというわけではなかったらしいが、年々弱くなり、ここ数年はベッドで寝たきり状態だということだった。

「数時間なら外出できるけど、それ以上は怖くてひとりで置いておけない。その間に急変ということもあるでしょ」と彼女は目尻にしわを寄せた。

介護保険をうまく使っているので昼はいいのだが、夜が大変だと嘆く。

老老介護の現実

「トイレに連れて行くのが一番大変。わたし40代じゃないのよ。70代よ。そのわたしが90代の母を引きずって、トイレまで行く。トイレにたどり着くまでに、私のほうが倒れそうになる。母の体重が軽くなったとはいえ、力が抜けている人の体は重いのよ」

老女二人で真夜中の廊下にへたり込むとき、悲しくなり涙が止まらなかったと村田さんは語るが、これが老老介護の現実だろう。

老いた自分が老いた母親の介護をすることも大変だが、老いて生きなくてはならない母親のほうも大変だろう。このことを考えると、頭の中が出口のないトンネル状態になる。

命は自分ではどうすることもできない。寿命を操作することができないのは、頭ではわかっているが。

7年間の介護の末に、母親が99歳で亡くなったとき、ほっとしたと村田さんは語った。そう、ほっとしたのは母親も同じはずだ。

わたしの友人たちはひとり者が多い。そのせいか、よく、友人たちが集まると、「100歳まで生きたくないわね」という話になる。100歳までもどこまでも、どんな状態でも生きたい人もいるが、わたしは正直、そういう気持ちにはなれない。

「体の限界だ。もう、これで十分。我が人生悔いなし」と思うときが来たとき、死なせてほしいと思っている。これは本音だ。安楽死は問題が多すぎるが、いい方法はないものかと、いつも考えている。

幸せは個人により違う。幸せはこういうものだと決めつけることはできない。自分が幸せだと感じることだけが、幸せの真実ではないだろうか。

「自分にそんなときが来たときに、医者から合法的に薬をいただける世の中にならないかしらね」
笑いながらも本気で語り合うことが多くなった昨今だ。

二人の90代の真逆な食事健康法

恐ろしいのは、要介護で長生きすること

長生きはしたくないが、自分のことが自分でできる元気な状態であるなら、長生きしてもいいという人は多い。大病で手術の連続だったり、家族に迷惑をかけながらの介護状態で生きるのは御免だが、健康で頭もしっかりしているのであれば、１００歳まで生きてもいい。そうですよね。老いて恐ろしいのは、年齢ではなく、自分を失うことだ。

厚生労働省の直近の発表（２０１８年3月9日）によると、わたしたち日本人の健康寿

命（介護を受けたり寝たきりになったりせずに、日常生活を送ることができる期間）は2016年時点で男性72・14歳、女性74・79歳とある。日本人の平均寿命は、同じく厚労省（2019年7月30日）の発表によると男性が81・25歳で、女性が87・32歳だ。平均寿命と健康寿命の差は、介護などが必要な期間と考えられるから、単純計算で、要介護の年数は男性は約9年、女性は約13年となる。要介護で長生きするのを想像するだけで怖い。しかし、実際には、要介護にならずに90代を迎えている人もたくさんいる。

肉や乳製品を一切食べない90歳

ここに2人の90代がいる。木村さん（仮名）と松原さんだ。木村さんも松原さんも未亡人で娘がいる。共通しているのは娘と同じ屋根の下に住んではいるが、生活は別々な点だ。

木村さんはSSSの会員だ。時々セミナーで見かけるが、90歳で出てくる方は少ないので、いつも元気をもらっている。わたしもあんな元気な90歳になれるのかしら？　いや、無理な気がする……。

団体を長く運営していると、高齢による行動力の低下を見せつけられる。例えば、

70代のうちは活発にセミナーに参加していた人でも、80代になるとめっきり姿を見なくなる。忘れていたころ、ひょっこり顔を出し、「知っている人がいない」と寂しがる80代の方も、集まりに出てくるのは85歳までだ。

80代に入ると、それまでどんなに元気な人でも足腰が弱くなり、電車に乗って会場まで来るのが一苦労になる。発足当時、50代中心の会だったSSSの会員も、今では60代から70代が中心になった。80代以上の方は少ないので、逆に目立ち、思わず話し込むことが多くなる。

黒地に大きな花柄のダウンコートの木村さんが90歳と知ったときは、わたしだけでなく、まわりにいた会員も驚いた。

「エッ？　90歳？　信じられない！　すごい‼」

木村さんはとてもおしゃれな人だ。髪を赤く染め、赤やピンクの柄のニットを着こなし、笑顔も素敵だ。

もちろん年齢相応に顔のしわもあるが、明るい雰囲気で年を感じさせない。彼女に90歳でも元気な秘訣を聞くと、「好奇心があること」、「ちょこっとだが仕事をしていること」、「娘に依存してないこと」など教えてくれたが、中でも彼女が一番大事だと思うのは、日ごろの食生活だ。いろいろ研究した結果、たどり着いた食生活らしいが、肉は一切口にせず、乳製品も口にしないという。元気なので牛肉好きかと思ったが、違っていたのだ。「あなた、牛乳やバターを食べているの？　わあ、恐ろしい。体に悪いのでやめたほうがいいわよ」と語気を強めた。

木村さんは75歳までテニスをやっていたという。最近は膝が痛いこともあり年を感じることがあるが、ほとんど年のことを考えたことがないとおっしゃる。それを聞いたまわりにいた会員は驚くばかりだ。なぜなら、まだ70代なのに、老後が不安だとか体の調子が悪いとか言っているからだ。

そんな彼女たちに木村さんは喝を入れた。「わたしより20歳も若いみなさん！　70歳は青春ですよ。なにを年寄りみたいなこと言っているんですか」

長生きする食べ物など存在しない

一方、現在94歳の松原さんも元気な人だ。歩くには杖を必要とするが、すこぶる元気で病気知らずだ。頭もまったくボケていない。年下の友達に「こうしたほうがいい」とアドバイスしたりする。何を隠そう、それはわたしの母だ。まわりの人から「お母さんはすごい！」と褒めちぎられるので、元気に拍車がかかり、１００歳超えは確実とみられる。母も木村さんと同じで、おしゃれだ。無彩色は身に着けず、いつもカラフルな色づかいの服におもしろい形の帽子をかぶっているので、電車の中でも目立つ。

うちの母は木村さんと違い、大の牛肉好き。牛肉を食べないと力が出ないというのが口癖だ。どちらかというと野菜はそんなに好きではないようだ。しかも、木村さんが健康に悪いと名指しする牛乳を子供のころからずっと飲み続けている。近所の牛乳屋さんが配達してくるビンに入った牛乳を80年近く飲み続けているというのだから、時々、牛かと思うことがある。

冷凍庫をあけると、ここは肉屋かと思うほど、ぎっしりと牛肉が入っている。その光景を初めて見たときは、気持ちが悪くなった。90代でそんなに牛肉食べてどうするの？

元気な90代の二人の食生活は真逆だ。これを見て、元気で長生きの秘訣は、何を食べるかではなく、好きなもの、信じるものを食べること。

テレビの健康番組を作っている方には、申し訳ないが、長生きする食べ物など存在しないのだ。

牛肉好きの94歳、肉はいっさい食べない90歳、どちらも元気なのは、食べ物ではなく、毎日を楽しんで暮らしているからではないだろうか。

第2章　高齢ひとり暮らしにしのび寄る魔の手

年をとると尊敬の対象からお荷物に変わる

老いとともに変わる、子供からの扱い

唯一無二の存在、それは誰にとっても母親と父親ではないだろうか。自分を育ててくれる親は、子供にとりかけがえのない存在だ。子供に尊敬する人を聞くと、「お父さん、お母さん」と答えるのはしごく自然なことだろう。

親がいなければご飯も食べられないし、学校にも行けない。病気になったら看病もしてもらえない。親がいなくても立派に育っている子供もいる。けれどもほとんどの場合、わたしもそうだが、親の保護のもとに成長させてもらい、いっぱしの大人にな

っていく。

仏教でも親を大事にしろと説く。親がいることに感謝をせよと説く。例えば、火事の中で子供を助けるために、なりふり構わず火の中にまっ先に飛び込むのは親だ。ありがたきは親の存在だ。

しかし、そんなにも子供から尊敬されていた親だが、老いとともに、子供たちからの扱いが変わるのを感じることができる。なにを隠そう、これはわたしのことだからだ。母親が88歳を過ぎたころから、わたしの母親に対する見方が変わってきた。これは自分でも想像しなかったことなので、実は自分でも驚いている。

ここだけの話だが、親が元気なのは子孝行なことだが、このまま１００歳を突破したらと想像すると、こわくなる自分がいる。わたしを産み育ててくれた恩を忘れ、自分本位に物事を考える70代のわたしがいる。世の中には、献身的に母親の面倒を見ている優しい人もいるが、他人には優しい言葉をかけられるが、母親には、つっけんどんになってしまうので、それだけでも母親にはつらい思いをさせているはずだ。時々、子供のころを思いだし、いつから、関係が違ってきたのか考えることがあるが、原因は両者の老いだということしか、今のわたしには答えられない。

親と子の立場が逆転する瞬間

老いて自宅から施設に送られる母親は多い。現代の嫁は、家に嫁いだという意識がないので、夫の親はただのおばさん、おじさんなのだ。残念だが、それが現代の親子関係ではないだろうか。これには、親の長生きが影響していると思う。昔は、高齢者がお荷物になるほど長く生きなかったので、子供たちも、負担に感じることなく暮らして来られたが、今は違う。

ある60代の女性は、95歳の母親を苦渋の選択で介護施設に入居させた。「母には申し訳ないと思ったけど、小柄なわたしが母を支えることは無理。二人で倒れて起き上がれないことがあったので、決断しました」と答えた。

親が子供の世話なしで、生きられなくなったとき、立場が逆転するのだ。面倒みてもらった人が面倒をみる側になる。親の恩を返すときだが、高齢者の面倒と子供の面倒では、同じ面倒でも重さが違う。

施設の食堂の窓に車椅子を寄せ、寂しげに外を見ている高齢者を見るにつけ、「老い」は手ごわいと思わざるを得ない。

本音で話そう。わたしは、現在94歳の母親と同居するまでは、親を施設に入れる子供の気持ちがわからなかった。母親とは大学を卒業して以来、一緒に暮らしたことがなかったので、わたしの中での母はいつも尊敬できる人であり続けていたからだ。親を施設に入れる人を見て、「なんて冷たいの」と思ったものだ。

親から離れて暮らしている人は、いいところしか見ないで暮らせるので、親子関係の大変さやつらさが実感できないように思う。

親にもならずに、自己実現だけの人生を送ってきたわたしは、70代になり、はじめて親子関係の難しさに気づいたのだから、なんと浅い人間だろうか。

多重介護で追い詰められる苛酷な状況

２０１９年11月に福井県で起こった多重介護による殺人事件は記憶に新しい。同年11月22日の朝日新聞の記事によれば、同居する義母（95歳）、義父（93歳）、夫（70歳）の3人を殺害した嫁（71歳）は「村一番の嫁」と家族が自慢し、「面倒見がいい」と地元でも評判だったようだ。しかし、近しい人には「介護がしんどい」と打ち明けていたそうだ。そこには、たったひとりで、３人の老人の世話をし「老老介護」「多重介護」

で、殺人にまで追い詰められたお嫁さんの苛酷な状況が見えてくる。

識者は「自分で抱え込まずに、まわりの人になぜ相談しなかったのか」と言っていたが、そんな簡単な問題ではないだろう。世話をしてもしなくても、老人は老いているというだけで、相手に重くのしかかるものだ。被告を擁護する気はまったくないが、老人と暮らすつらさは、経験しないとわからないだろう。

えらそうに言っているわたしも、いつかは、いいえ、あと少しで後期高齢者だ。姿は衰えても気持ちは変わらないと思うが、世間からは、老人として扱われるようになるのかしらね。

近所でショッピングカートに体を預けながら、スーパーに買い物に行く90代の方を見るたびに、立派だなと思う。それと同時に、自分が、90代になるとき、わたしの精神状態はどうなっているのか、不安でもある。老いるというのは未知の世界。誰もが未《いま》だ経験したことのない領域だ。

わたしには子供がいないので、子供からお荷物扱いされることはないが、社会のお荷物として扱われることはありそうだ。ああ、その前にあっさりと逝きたいものだ。

子供のいない人は、財産を狙われやすい

養子縁組で救われるか

以前通っていたスポーツクラブで、80代後半とみられる笑顔が素敵な女性とよく出くわし、話をするようになった。彼女は、運動はしないが、水着で入るジャグジーが好きなようだ。わたしも同じタイプの人間なので、「隣、いいですか」と彼女の顔を覗くと、いつも笑顔で「どうぞ」と言ってくれる。女性がいいのは、知らない人でもすぐに話ができることだ。こちらが詮索《せんさく》する気がなくても、自分のことを語りだす人もいる。

富田さん（仮名）はサラリーマンを定年退職した夫との二人暮らし。子供はいない。若いときは看護師として働いていたという。国民年金のわたしは、余裕のある老後を送っている彼女が眩しく見えたが、夫は介護付き有料老人ホームにいるということだった。

次に彼女に出くわしたのが、夫が亡くなった後だった。彼女はあっけらかんとした口調で、

「主人は、わたしより先に死ねてよかったと思うわ。あの人は何もできない人だったから。残ったらかわいそう」

と言い、心からほっとしたという。

「じゃ、ご主人は富田さんがいたからいいけど、富田さんは誰にお願いするの？」。わたしも少しは考えてモノを言えばいいのに、出てしまった言葉は消せない。すると、彼女はさらに明るい声で「大丈夫。もう、予約済みよ」と答えたのには驚いた。

子供のいない彼女は、子供の代わりに自分の身の始末をしてもらうべく、姪を養子に迎えたのだ。高齢になると、入院・手術のときの身元引受人や施設に入居するときの身元保証人、介護になったとき、認知症になったときの手配や金銭管理など、自分

ではできないことが出てくる。わたしもそうだが、現役のときはひとりでも何の支障もなく生活できるが、80代・90代になったとき、はたして自分で管理できるのか疑問だ。わたしは、ひとりの人に終活を勧めているが、紺屋《こうや》の白袴《しろばかま》で、わたしはまだ終活をしていない。ひとりなので、ボケようが遺産がどこに行こうがどうなってもいいと思っているからだ。

しかし、まわりのひとりの人を見ていると、高齢ひとりの不安を訴える人が多いことに気づく。そして、資産のある人の場合は、養子縁組をする人が多いことだ。養子縁組をすれば、遺言書がなくても、財産は養子にいく。また、身元保証人を業者に頼まなくてもすむ。養子にとっても、この縁組は宝くじよりおいしい話なのだ。

身内に、ひとりでも独身か、子供のいない夫婦がいれば、姪甥は安泰だ。別に養子を勧めているわけではないが、日本は身元保証人を求める社会なので、姪甥の養子縁組が流行っているのだ。

ここで「養子縁組」とはなんなのか、整理しよう。養子縁組には、「普通養子縁組」と「特別養子縁組」2種類の制度がある。ここでは、15歳未満の子供の福祉を目的とした「特別養子縁組」についての説明は省き、「普通養子縁組」について説明したい。

「普通養子縁組」には、養子の年齢制限はない。年齢の条件は一つ、養親より養子が年下であること。それだけだ。この養子縁組は、具体的な血縁関係とは関係なしに親子関係を成立させることができる。養子は養子縁組の手続きをしたその日から、実の子と同じように法定相続人（民法で定められた相続人）になり、財産を相続できるようになる。故人が遺言書を作成していない場合は、法定相続人全員で遺産の分け方を決める。サスペンスドラマなどで、大富豪の実子と養子が財産をめぐって争うのは、このためだ。

なので、この富田さんのように実子がいない場合は、姪である養子が富田さんの財産をひとり占めすることになる。

いくら姉の子供でも、実の子とは違う

さて、後日、富田さんに会って話を聞くと、養子縁組も大変なことがわかった。人にもよるだろうが、姪はシングルマザー。お互いにウィンウィンの関係になるはずの養子縁組だったが、なぜか富田さんが、姪の息子の教育費を出すことになり、拒否できなくなった。また、彼女が風邪で寝込んだことがあったが、様子を見に来てくれる

ことはなかったという。いくら、姉の子供だからとはいえ、40代の姪は今どきの女性でドライなようだ。

こんな言い方をしたら申し訳ないが、90歳近い富田さんは、40代の姪から見たら、ただの老人でしかないのだ。姪にとり、養子話は、ジャンボ宝くじの三等ぐらいに当たったような出来事だったに違いない。これは深読みだが、富田さんの妹である姪の母親も、この養子話に一枚嚙んでいた気がする。

結婚もそうだが、籍はかんたんに入れさせるものではない。入籍させると、結婚と同じで相手の態度が変わることが多い。権利だけを主張されるケースは多いからだ。

実はわたしは、富田さんにマンションを売却して有料老人ホームに入ることを勧めていたが、彼女は乗ってこなかった。

老いてひとりだと、安心を身内に求めるのかもしれないが、わたしは、まだそこまで老いてないので正直わからないが、「身内を信じてはいけない」とSSSの活動経験からアドバイスしたい。これは自分に言っていることだが、ひとりの人が頼れるのは自分だけ。ひとりなのだから、どうなってもいいという覚悟が必要なように思う。

親切な友達には注意が必要

施設にいるのに、お金が減るのはなぜ？

高齢になり自宅で生活するのが難しくなると、有料老人ホームなどの施設に入居せざるを得なくなるのは、仕方がないことだろう。また、経済的余裕のない人から見ると、有料老人ホームに入れるだけいいと思うかもしれない。

集団生活が苦手で、人のお世話になるのが嫌いなわたしに、有料老人ホーム入居の選択肢はないが、今はまだ70代で元気だから言えるが、足腰がおぼつかない90代になっても同じセリフを言うことができるのか、自分でも自信がない。

斉藤さん（仮名・72歳男性）は、骨折で入院となったときに、病院にベッドの空きがなく、系列の有料老人ホームの部屋に泊まらされたことがあった。そのとき、隣の部屋でやりとりされていた光景に目を疑ったと言う。

隣の部屋には80代のお婆さんが入居していた。彼女はちょっとボケが入っているようだが、普通に話せた。

聞いていると、大きなお金は家族が管理していて、毎月一回、お小遣いの補てんに来るということだった。

ある日、お婆ちゃんの財布にお金を補てんしようと家族が訪れた。そのときに、訪れるたびにお金が減っているのに気づく。「あれ？　お婆ちゃんは足が悪くて、どこにも外出してないはずなのに、このお金の減り方は早すぎる」

家族がスタッフに相談すると、毎月、お婆ちゃんに会いにくる友達がいることがわかった。「お婆ちゃんにそんなに親しい友達がいるなんて」と最初は喜んでいた家族だが、それはいったい誰なのか、家族は不審に思った。そして、その友達が来るとお金が減っていることも判明した。

お婆ちゃんに、その友達のことを聞くと、「貸したお金、返して！　と言われたから、返した」と言うではないか。

つまり、毎月面会にやってくる友達は、彼女からお金を引き出すために面会に来ていたのだ。

皆さん！　この手の詐欺は非常に多いので、親を老人ホームに入居させ、安心しきっていたらダメですよ。

学生時代の異性の同級生が突然、面会に現れ、優しい言葉をかけ、手を握られ、キャッシュカードを渡したという事例もある。ひとりで老いるというのは、生易しいものではない実例を、わたしは見てきたので言えることなのだ。

高齢者は人の優しさに弱い

自宅にいる高齢者は、オレオレ詐欺やアポ電詐欺の被害に遭いやすい。しっかりしているうちの母も受け子にクレジットカードを渡したぐらいなので、相手は高齢者の気持ちを扱うのに慣れている。母が詐欺に遭ったときは、信じられなかったが、90歳を過ぎるというのは、こういうことなのだと学んだ。

戸建ての高齢ひとり暮らしは実に危ないので、ある年齢になったら、施設に入るほうが防犯の面から見ても安心かもしれない。

しかし、有料老人ホームに入居しても、安心はないのだと、今回のお婆ちゃんのケースで再認識させられた。90近くになると、ボケなくても思考範囲が狭くなる。特に、日本人は人を疑うことをしないお人好しが多い。しかも、90代になれば、子供も寄ってこなくなるので孤独だ。そこに、古くからの知り合いが目をつけるのだ。

こんな言い方はしたくないが、高齢者は孤独なので人の優しさに弱い。若ければ、「あれ？」と疑問を持つが、高齢者はそのまま受け止めてしまう。なぜなら、人が寄ってきてくれるのが、うれしいからだ。しかも今の高齢者はお金を持っている。悪い人は、そこをついてくるのだ。

施設は安心できるいい場所だが、ご飯は提供してもらえても、心まで満たしてくれはしない。そこに、「こんにちは。元気でいた？」と知り合いが訪ねてきたら、うれしいに決まっている。

悲しいことだが、高齢になるというのは弱者になることだ。自然界の動物を見ていてもわかるように、弱いものは強いものに食われる。人間界も同じだ。わたしも90代の方から見たらまだ若いが、40代から見たらシニアだ。最近、「ああ、なめられているな」と感じることが多くなった。そんなときは、弱肉強食のサバンナが頭の中に広がる。

お人好しの高齢者はデパートのいいカモ

日本の高齢者はお人好しばかり

今の80代以上の高齢者はいい人が多い。日本人特有のおっとりした性格のせいか、人を疑うことをしない。近年、テレビで警告するほど、高齢者を狙う詐欺事件が横行しているというのに、いざそのときになると、あっさりクレジットカードを渡してしまうので、詐欺師たちはやめるはずもない。恥をさらしたくないが、自分の通帳を管理できるうちの母がひっかかったときは、血の気が引いた。

お人好しは、現代社会においては何の美徳にもならない。しかし、本当にお人好しの高齢者が多すぎる。平和ボケなのかしらね。うちの場合、リフォーム詐欺、屋根修繕詐欺、排水管掃除詐欺、ハクビシン撃退詐欺、白アリ駆除詐欺など、あらゆる詐欺にひっかかっているが、本人は詐欺に遭ったと思っていないのだから、やっかいだ。娘としてはやめさせたいが、母には聞く耳がない。

なので、「自分のお金なので自由に詐欺にひっかかってください」とわたしは腹を決めた。

母と同居したときに驚いたのは、高齢者のひとり暮らしは詐欺師のいいお客さんだということだ。高齢者は相手を疑わず、すぐ、お金を出す。

友人の話だが、鹿児島のひとり暮らしの95歳の母を訪ねるたびに新しい電化製品に変えられていると嘆いていた。大型店で買えば10万円以下のエアコンを30万円で購入したそうだ。「壊れてもないのに」と友人は嘆く。「これから電化製品を売るときは、母ではなく娘のわたしに言ってください」と電器屋に釘を刺したというが、まったく効果がないようだ。

「まったく、行くたびに、新しいものがあるのよ」

相手も商売だから、売りたいのはわかるが、「相手が95歳であることを考えるべきだ」と彼女は怒るが、うちも同じなので、二人であきらめることにした。

断るのが得意な人は関西では多いかもしれないが、関東では、勧められると断れない人が多すぎる。だから、高齢者はデパートに行ってはいけない。特に高級品の売り場は避けるべきだ。

お人好しの高齢者はいいカモ

高級品といえば、昔は時計や指輪やネックレスなどの貴金属品だったが、昨今は高齢時代にふさわしい品に変わっている。それは補聴器だ。年をとると耳が遠くなるので、補聴器は高齢者の必需品になっている。

うちの母は、耳は遠いが補聴器をつけないので、最近の補聴器をまじまじと見たことがなかったが、先日、90代の知り合いから見せてもらった補聴器は豆粒ほどの大きさで、色が美しく宝石のようだったので驚いた。

補聴器がこんなに進化しているとは。もちろん性能もよくなっているはずだ。その方は、この補聴器で3個目だと笑う。それだけ耳も悪くなっていることになる。2個目の補聴器は30万円したという。「え？　30万円もするの？」と驚いていると、彼女は目の前に出した宝石のような補聴器を取り上げながら言った。

「これ、100万よ」

わたしは思わず、「それ、高齢者を狙う詐欺よ！」と叫んでしまった。信じられない。軽自動車が一台買える値段だ。なんてこった。

なぜ、100万円のものに変えたかというと、30万円のものが聞こえづらくなったのでお店に持っていくと、新しい「これ」を勧められたからだという。あまりに人がいいので、わたしは言葉を失った。老いるというのは高額な機器に助けられて生きていくこと。しかし、高すぎるので、100万円の補聴器の感想を聞くと、こんな答えが返ってきた。

「別に、なんにも変わらないわよ」

デパートや高級補聴器を扱うお店を悪く言う気はないが、足元を見られているのは確かだろう。昨今は商品が売れない時代だ。お店は売上を上げたい。そこにお人好しの高齢者がいたら……。

90歳近くになったら、どんなに若いと褒められても、自分がもうすぐお迎えがくる高齢者であることを自覚しないと、不必要に高い買い物をさせられることになるので、注意が必要だ。嫌な言い方だが、高齢者はお店のいいカモなのだ。

「わたしはお金持ちじゃないから」は通用しないので、高齢者はデパートをウロウロするのをやめよう。特に、自分がひとり暮らしだということを臭わせてはいけない。

ひとりの人はボケられない

ひとり暮らしでボケたら、どうやって自覚する？

いくら体が元気で頭もクリアな人でも、88歳は、人生の次の枠に移行するときなのかな、と思わざるを得ない出来事が、このところ続いている。

結婚に失敗し、女手一つで一人娘を育ててきた加藤さん（仮名）は、見た目も頭もしゃきしゃきで、はっきりモノ言う人だ。彼女が、好奇心旺盛であることは、60代で太極拳、70代でフラダンス、80代でヨガを始めたことからもわかる。わたしは彼女に会うたびに「80代で、こんな感じなら、90歳まで生きても悪くないかもしれない」と心の中で思う。

3か月前に会ったときも元気いっぱいで「わたしはボケません」と宣言していたほど元気いっぱいだが、認知症においては不安があるらしく、もし、ボケの症状がでたら、教えてほしいと頼まれたので、もちろんボケ症状がでたと思ったときは教えると答えた。

ひとり暮らしの高齢者にとり、知らないうちにボケることほど恐ろしいことはないからだ。家族がいれば「お婆ちゃん、このごろ変だよ。昨日ご飯食べたこと忘れている」と孫が教えてくれるかもしれないが、自覚させてくれる相手のいないひとり暮らしの高齢者は、気づかないまま症状が重くなることが予想されるからだ。それだけは避けたいと思う気持ちは、同じくひとり身のわたしにはよくわかる。

ボケてることを伝えるのは難しい

そんな元気はつらつの加藤さんから誘われ、わたしと活動の仲間の3人で銀座で食事をすることになった。何もお世話などしていないのに、お礼だというので、甘えることにした。

待ち合わせは銀座三越ライオン像の前。3人ともシニアなので、遅い始まりは避け、かといってランチというのも味気ないので、夕方5時に待ち合わせすることになった。加藤さんを高齢者扱いするわけではないが、心配なので3日前に電話を入れて確認をする。実は、そのとき、何度も聞き返すのが気になったのだが、「わかった」と言うので切った。

しかし、当日、5時を過ぎても本人は現れず、結論から言うと、会えなかったのである。恐る恐る自宅に電話を入れると、彼女はこう言うではないか。

「エッ、わたし、約束した？」

「いえ、いえいえ〜」と言葉を濁して電話を切り、思わず、一緒に行った仲間と目を合わせた。あんなにしっかりした人でも、90歳近くなると、少しずつボケが始まるのね。

専門家によると、ボケは病気ではなく、60代ぐらいから始まる老化現象なので、自然な症状だということだ。しかし、加藤さんの場合、問題は、ひとり暮らしなので、家族がいれば気づく変化を本人に伝える人がいないことだ。

「加藤さん、ボケたら教えてほしいと話していたわよね」

「どうする？　もう少し様子を見てからにする？」

わたしたちは今回は教えないことにして様子を見ることにした。

ボケてきたことを本人に伝えるタイミングは難しい。もしかして、まだらボケかもしれないし、相手を深く傷つけるかもしれない。

わたしと仲間は、軽くワインでも飲んで帰ろうと、行き当たりばったりでお店に入った。救われたのは、その店のワインと食べ物がおいしかったことと店員さんの態度がよかったことだ。すぐに帰るはずだったが、「老いるって、こういうことかもしれないわね。自分たちの行く道ね」と、貴重な体験直後だったので話が止まらず、長居をした。

加藤さんとは、２週間後に顔を合わせる機会があったが、あの件に関しては何の話もでなかった。

本当は、認知症テストを受けるのを勧めたいところだが、本人に自覚がない以上無理だ。また、認知症の診断に使われる「長谷川式簡易知能評価スケール」を考案した長谷川和夫氏が認知症になったというドキュメンタリーをテレビでやっていたと聞いた。認知症を毛嫌いするのではなく、自然現象として、本人もまわりも受け止めるのがいいだろう。しかし、ひとりの人はどうすればいいのか。これは大問題だ。

加藤さんにおいては、時々、様子伺いの電話をして見守るつもりでいる。ひとりで老いるというのは、そう甘い話ではないと痛感させられた、久しぶりの銀座だった。

銀行で知った高齢者への厳しい現実

70歳過ぎると人間扱いされない

世の中が物騒になってきたので、大事な権利書などは、貸金庫に入れておくほうがいいと思いたち、２年ほど前、銀行に行った。今どきは、貸金庫を利用する人も多いだろう。空きはないかもしれないと期待せずに窓口に行くと、「空いている」と言われ喜ぶ。しかし、審査をして通らなければ貸すことはできないと言われ、喜びは吹き飛んだ。

お金を借りるわけではないのに審査がある？　何の審査？　貸金庫の年間使用料は

2万円ほどだ。腑《ふ》に落ちないが申し込むことにした。

申込用紙が渡され、名前、住所などを記入していると、「代理人」という項目があったので、聞くと、本人に代わる身内の人の名前と連絡先を書け、というのだ。何十年ものの長きにわたり、金利ほぼゼロでも預金してあげているのに、身内の代理人を立てないと貸金庫も借りられないとは、どういうことか。

以前、メガバンクで貸金庫を借りたとき、すんなり借りられたのは、わたしが50代という若さだったからなのか。ひとりの生き方を堂々としてきたつもりだったので、ここにきて「それはだめよ」と自分の生き方を否定された気がして悲しかった。

そこで、代理人の必要性について尋ねると「本人が開けに来られない状況になったときのためです」という。しかも、「契約のときは代理人さまも同伴ください」と言うではないか。えっ、わたしって認知症扱い？　それとも犯罪者？

20代のお人形さんのような顔をした行員は「お子さんのお名前を書いていただければ」と言ったので、「子供はいません」というと、甥や姪でもいいと言うので「甥、姪もいません」と答えると、上司に相談に行った。

そこで、わたしは「65歳の弟ならいます」と、上司にも聞こえる声で言うと、「若い方でないと……」ですって。バカにするんじゃないよ。まったく。あなただって若いのは今だけよ。若いっていうけど、高校生から見たらババアよ。

いくらきょうだいがいても、60歳以上になったら何の役にも立たないことを、わたしはこのとき思い知らされた。つまり、わたしも、身内であっても弟の役には立たないということになる。ひとりで生きられるのは60歳までか。日本はなんという差別社会なのか。

しかし、まだ70代なので抵抗力があるが、もっと年をとったらどうだろう。行員も、ただのうるさい老人としてしか見ないだろう。この国では、老いたひとり者は、社会のゴミということか。だったら、自分から姥《うば》捨山に登ってやるわ。

何の審査をしたのか知らないが、1週間後に審査にパスしたという連絡があり、代理人の65歳の弟に仕事を休んでもらって一緒に出向いた。まったく、人の時間をなんだと思っているのか。

後日、違う支店に出向き、代理人要求について質問すると、「代理人はいりません」と即答し「ただし、審査は必要です」とだけ言われた。どうも、支店によって対応が違うようなので、もし貸金庫を借りるときは、事前に確かめたほうがいい。

個人を認めないこの国は〝後進国〟

そうか。この国は、18歳未満と70歳以上は一緒の枠で、保護者つきでないと個人として認めないのだ。「結婚しないあんたが悪い。子供を産まないあんたが悪い」という声がどこからか聞こえてくるが、そんなことを言ってるから日本は世界から置いてけぼりをくうのだ。

そういえば、以前、75歳の友人男性が家のリフォームを頼むときに、「あなたの印鑑だけではだめだ。子供の印鑑が必要だ」と言われ、激怒していたのを思い出した。その人は子供がいたから激怒だけですんだが、これからは、ひとりの人が過去にないほど増えるというのに、世の中の対応は逆行してはいないか。

ドイツの知人にこのことを話すと、ドイツではありえないし、考えられない、と笑われた。日本人は自分の国を先進国だと思っているようだが、個人を認めない日本は、後進国だと言われた。

「日本人だけが、わかっていない」

わたしもそう思う。サラリーマンで立場が守られている人は感じないだろうが、そこからはずれた人を、この国は、人として見ない傾向がある。人にはそれぞれの生き方があるのに、自分の生き方しか認めない日本人そのものにも、問題があるだろう。つまり、日本人は人のことを思うこと、人の立場でものを考える想像力に乏しい。

身内に責任をとらせるこの国の悪しき習慣は、即刻、やめるべきだ。国立社会保障・人口問題研究所の推計（2019年4月19日公表）によれば、2035年には東京都のひとり暮らし高齢者が、高齢世帯の半数近くに迫ると予測されている。

家族がいてもいなくても、人は「ひとり」。ひとりを基準に法律も慣習も見直さないと、今若い気でいる若者も、将来、自分の首を絞めることになるので闘ってほしいと願う。

野党で、この人権にかかわる問題を積極的に取り上げてくれる人はいないのか。40代の人は、もうすぐ自分のことになるはずだ。問題意識を持ってほしい。

第3章　ひとりで何歳まで頑張れるか

ひとり在宅死は可能か

ひとり暮らしでも在宅で死ねるか

団塊の世代が75歳以上の後期高齢者となる2025年、国民の3割が65歳以上の高齢者になると予測されている。2015年の国勢調査によると、65歳以上の高齢者の人口は約3346万5000人。そのうち、ひとり暮らしの人は17・7%で、65歳以上の6人に1人がひとり暮らしとなっている。今は夫婦二人暮らしでも、いずれどちらかが先に亡くなりひとり暮らしになる可能性は高いだろう。

これまでは、ひとりといえば未婚の人を指したが、これからは、家族がいる人もいない人も、「ひとりで死ぬ」ことを念頭に置いて暮らす必要があるように思う。そのことからも、60歳を過ぎたら、最後はどこで人生を閉じたいか、施設か自宅かぐらいは、決めておくといいだろう。

学校も修学旅行も嫌い、会社勤めも苦手だったわたしに、集団生活を強いられる施設の選択肢はないので、這ってでも、自宅で人生を終えたいと思っている。

しかし、それはあくまでも73歳の現在のわたしの願望であり、実際にもっと高齢になり、体が弱り、人も訪れなくなった自宅で、はたして頑張れるのか、それは、何とも今の段階では答えられない。

看護の専門家、介護保険に詳しい学者、訪問診療医に会うとき「ひとりでも自宅でちゃんと死ねますか？」と質問すると、皆さん口をそろえて「大丈夫ですよ」とおっしゃる。

しかし、わたしは「そうですか」と、その言葉を鵜呑《うの》みにすることはできない。なぜなら、現在の介護保険は、介護する家族がいることを前提として作られているからだ。本来は、「ひとり者」を対象に、制度も法律も作るべきなのに、永田町の人たちは、自分に家族がいるものだから、本来「人はひとり」という根本的なことがわかってない。すべての制度は「ひとり」を軸に作るべきだ。ああ、国会からおやじを追い出し、男女比半々、30代・40代中心の議員構成にしないとだめだわ。

家族の世話があったから、ひとり暮らしが保てた

こんな例が身近にある。先日、97歳で亡くなったひとり暮らしの女性、河井さん（仮名）だ。三十数年前に夫が亡くなり、子供たちは結婚して家を出た。そこから、彼女はずっとひとり暮らし。河井さんの息子のお嫁さんに話を聞くと、90歳までは元気だったが、92歳のときに圧迫骨折で歩けなくなり、介護サービスを使い始める。

介護サービスの手配をしたのは、もちろん、所帯を持っている河井さんの実の娘たちだ。介護保険を使い、毎日ヘルパーを頼んだが、生活のサポート全般、歩行の補助や食事、買い物の世話をしたのは家族だった。

お嫁さんが言うには、家族4～5人で当番を決めて世話をしたから、河井さんのひとり暮らしが保てたという。正直、世話当番は大変だったと語る。朝、当番で河井さんの家に行くと、トイレの前で倒れていることもあり、ひとり暮らしの限界を見せつけられたと言う。

また、当番の日でなくても、ヘルパーからしょっちゅう電話が来て、気持ちが休まるときがなかったということだ。ヘルパーは「どうしますか？」と、いちいち家族に判断を求めるので、その連絡だけでヘロヘロになったとこぼす。在宅介護の大変さは、トイレの世話だけではないのだ。

河井さんの場合、ひとり暮らしとはいえ、同居してなくても、家族が都内にいたので世話をしてもらえたが、家族のいないひとり暮らしの人はどうなるのか。行政が駆けつけ、いいように手配してくれるのだろうか。わたしはふと不安になった。

いくら本人が在宅ひとり死を望んでも、ある時点で、ある年齢で、在宅死を諦めざるを得ないのではないか。はたしてその見極めが自分にできるのか。いくら、ひとりで生きてきたと自負していても、最後の最後は、誰かの助けを借りないとならないのは理解しているつもりだが、実際にどうなるのか。

介護疲れから「レスパイト入院」を利用したら

ここでもう一つ伝えておきたいことがある。河井さんの場合なのだが、今年に入り、介護に疲れてヘロヘロになった家族がケアマネージャーに相談すると、介護家族が休息できるよう、本人を2週間預かる「レスパイト入院」があると知らされ、飛びついた。

「レスパイト」とは「一時休止」「休息」という意味の英語で、介護疲れをはじめ、冠婚葬祭や旅行などの事情によって在宅介護が困難なとき、一時的に病院が入院の受け入れを行い、介護者がリフレッシュできるようにする仕組みだ。レスパイト入院と名前はしゃれているが、施設へのショートステイと違うのは、病院への入院なので医師が必要と判断すれば、医療行為が行われる。

入院した病院のドクターとお嫁さんが話をすると「薬は心臓に悪いのでやめましょう。点滴も苦しいので」と、特に治療はしないということだったので、「よろしくお願いします」と家族はホッとして帰った。しかし翌日、河井さんを訪ねると、酸素吸入器がつけられているではないか。

事前に家族に相談がなかったのでドクターに詰め寄ったところ、「はずすなら、ここに置いておくわけにはいかない」と、にべもなく断られた。

延命治療をしない自然死を望み、「日本尊厳死協会」にも入っている河井さんだったので、「延命治療はしますか?」と聞かれれば「しません」と答えたのにと悔やまれた。

家族もレスパイト入院は医療行為をされるのが前提だということを知らなかったのだ。最近は、長生き時代のニーズに合わせて、慢性期の疾患を扱う「療養病床」で在宅ケアできないお年寄りを受け入れる病院が増えていると聞く。

医者は悪くない。医者は命を生かすのが仕事だからだ。河井さんは、数週間後に静かに天国に旅立った。

しかし、河井さんの場合は、自宅でひとり暮らしとはいえ、まわりに強力な身内応援団がいたので、ひとり在宅死を遂げることができたが、まったく身内もいなければ、身内にお願いしたくないひとり暮らしの人にとり、在宅ひとり死は可能なのか。考えさせられる事例ではないだろうか。

ひとりで最後まで自宅で頑張るには

最期は自宅か、施設か

自分の最後を家族まかせにする時代は終わった。これからは、家族といえども家族の役割を担ってくれるわけではないのは、わたしたちが周知のごとくだ。仮に、自分が若いうちに亡くなれば、家族の見送りによりこの世を去ることができるが、長生きしてしまったときはどうだろうか。

子供がいるいないにかかわらず、自分がどこで最期を迎えたいかは、早めに決めておくに越したことはないだろう。そのときに、考えておきたいのが、最後はひとりだという想像力だ。

自分が高齢ひとり暮らしになったとき、どこで暮らしたいか。大きく分けて二つの選択肢がある。

自宅か施設か。施設といっても公営、民間とさまざまだが、お金で他人の世話になりながら人生を終えるのか、それとも、今のまま自宅で死を迎えるのか。ここは、ひとりで最後まで人生をまっとうしようとする人にとり、早目に決めておくべきことだろう。なぜなら、お金が発生するからだ。自宅なら多額の入居金を用意することもないが、有料老人ホーム希望の場合は、入居金の他に月々の管理費の支払いもある。介護が必要になったときは、別途徴収される。また、施設にもよるが、介護が必要になると、居室から介護棟に移されて、居室は明け渡すことになる。

自宅の場合は、まとまったお金の出費は抑えられるが、訪問医や訪問看護などの費用がかかることになる。また、お金の問題をクリアしたとしても、ひとり暮らしの孤独に耐えられるかどうか。それも問題になる。

実は、わたしはこれまで一貫して「自宅派」だった。理由は言うまでもなく金銭的な問題だ。自由業で国民年金のわたしに、有料老人ホーム入居の選択肢はないのだが、これは案外いいことかもしれないと最近になって思うようになった。というのは、迷わなくてすむからだ。なまじ、お金があると迷う。お金がないのは、やせ我慢に聞こえるかもしれないが、ある意味幸せでもあるのだ。

厚生労働省の「人口動態統計」（2018年）によると、2018年度の病院（診療所）死は、73・7％と実に7割以上を占めている。施設死は10・6％、在宅死は13・7％に留まっている。しかし、団塊の世代が80代前半を迎える2030年ごろは、大量死時代になり、これからの時代は、病院死・施設死ではなく、在宅死が一般的になるだろう。

私たちの団体では、これまでに、在宅介護の専門家をお呼びして「おひとりさまは自宅で死ねるか」のセミナーを何度も開いてきた。家族のいないひとり暮らしの人が、重い病気や認知症になっても自宅で介護を受けて死ぬことができるのか。ここがはっきりしないと、恐ろしくて生きていけないからだ。ひとり暮らしで身内に頼らず、自宅で大往生できるのか。本当にそれが可能なのか。

講師の先生方は「できます」と決まっておっしゃる。地域包括支援センターと介護保険を使い、可能だとおっしゃる。わたしも最初のうちは、先生の言葉を鵜呑みにして喜んでいたが、実際にひとり暮らしの会員が亡くなる1か月前にこんな経験をして、口で言うのと実際ではかなり違うという印象を持った。

ひとり身の在宅死には、相当な覚悟が必要

その方はがんの末期だったが、自宅で死ぬのも大変だと思わされた。なにが大変かというと、医療や介護のことではなく、高齢ひとり暮らしで具合が悪いときは、人が訪ねてきても、ドアの鍵一つ開けられないという現実だ。わたしが会員のマンションを訪問したときに、オートロックの玄関を開けてもらおうとしたが、具合の悪い彼女はそのボタンを押すことができないという現実をまざまざと見せつけられ、在宅でひとりで死ぬのはそう簡単なことではないと痛感したのだ。

ヘルパーさんに頼めばいいというかもしれないが、ヘルパーさんを24時間頼むといくらかかるか。また、ヘルパーさんもいろいろなので、かえってストレスになる人もいる。実際はそう簡単なことではないのだ。施設に入るほうがましかもしれない。

わたしがそのとき学んだのは、もし自宅でひとりで最後まで過ごすと決めたのなら、その覚悟が必要だということだ。ひとりという生き方を選んできたのだから、どんな状態になってもいいという覚悟だ。言葉は悪いが、ひとりで孤独死する覚悟だ。そこ

が決まれば迷いも悩みもなくなる。

誰にとっても先はどうなるかわからない。90歳まで生きるかもわからない。大きな病気をするかもどうかもわからない。わからないことだらけなので、命については、神様におまかせするしかないのだが、元気な今のうちに「自宅か施設か」だけは、決めておいて損はないと思う。どっちを選んでも自分の覚悟次第だと思うからだ。

在宅希望の方へアドバイス

1　体が衰え自信がなくなったら、地域包括支援センターの方に相談する。介護度により、施設に入れてもらうこともできるので、頑張るのもいいが、相談することが大事だ。

2　部屋に入れなかったら何もできないので、元気なうちに親しい人に鍵を渡しておく。または、鍵の置き場所を決めて、親しい人に教えておく。

3　10万円か20万円ぐらいの現金を手元に置いておく。いざというときは現金が役立つ。「これで」と人にものを頼めるので便利だ。キャッシュカードを渡すのは危険だ。

最後はケアハウスという選択肢もある

お金で人の世話になるのは、最も不安な選択

終の棲家はどこにするか。その選択肢として挙げられているのが、皆さまもご存知のように117ページの表にある施設だ。自宅以外を希望する人はこれらの選択肢から選ぶことになる。

経済的に余裕のある人は、介護付き有料老人ホームを自分の死に場所として選ぶケースが多いが、昨今の低迷する日本経済の様子を見ていると、今までのように安心して有料老人ホームに身を預けることができるのか疑問だ。これまでは、貯金をはたい

て高額な入居金を払い、十数〜三十数万円の月々の管理費を年金で賄うことができたが、年金も破綻しそうな現代において、不安はぬぐえない。

組織に属せず生きて来たわたしは国民年金組なので、最初から有料老人ホーム入居の選択肢がない分、悩まなくてすむが、堅実に働いてきた人にとり迷うところだろう。

まさか、新型コロナウイルスが世界に拡散し、世界経済に大打撃をもたらすと、誰が想像しただろうか。人生は、自分の計画通りいかないことを、ウイルスが証明している。

ひとりの人の場合、65歳で退職し、75歳で終の棲家を決め、80歳で入居するのがひとつの目安だ。認知症になっても体が不自由になっても、安心して暮らせる有料老人ホーム入居は、ひとりの人にとり、誰にも迷惑かけずに死んでいける理想の場所になっている。

家族のいる人にとっても、有料老人ホーム入居は子供の負担にならない子孝行の終の棲家と言えるが、日本経済の破綻が来たとき、年金が予定通りの額入らないときどうするのか。お金で人の世話になろうと自分を委ねるのは、本当は最も不安な選択だということを知る人は少ない。

わたしが人生の師と尊敬していた方は、すでに他界したが、生前よく言っていたことがある。まだ50代で老後資金のことを不安がるわたしに、大笑いしながら言った。

「5億円持っていれば話は別だけど、それ以下の場合は3000万円も5000万円も同じよ」

それを聞いたときには、「えっ⁉」と思ったが、その方がそう言った年齢と同じ年齢になった今、わたしはその言葉の意味を理解した。

老いの安心は、お金の額で決まるのではない。ゼロでは生活できないが、多少の蓄えがあればそれでいい。心配せずに今を大切に生きろ、とおっしゃりたかったのだと思う。当時、老後資金として2000万円の貯金を目指していたわたしは、頭をガツーンと殴られた気がした。

定期収入のない不安定な日々を送っているわたしだが、だからこそ出会うことができた人生の師だ。迷いながら歩いてきたからこそ出会えたわたしの唯一の味方は、彼女だった。投資信託を買ったほうがいい、ゴールドを買ったほうがいいというアドバイスはなく、いつも、「今のあなたのまま、頑張りなさい」と励ましてくれた。

ケアハウスという選択肢もある

わたしはサラリーマンではないので、安心を求めて有料老人ホームに入る気がないのは、これまでに語ってきたとおりだが、もし、現在、80代の方で、お金の心配なしに安心した終の棲家に移りたいという人がいたら、わたしは有料老人ホームやサ高住ではなく、むしろケアハウスをお勧めする。

ケアハウスとは地方自治体や社会福祉法人などが運営する福祉施設のことで、軽費老人ホームとも呼ばれている。60歳以上で身寄りがいないなどの条件をクリアすれば入居できる比較的安い料金で入居できる施設だ。

軽費老人ホームの名前は知っていたが、低所得者向けの施設だと思っていたので、あまり調べることもなく、取材することもなかったが、SSSの会員の方が入居したケアハウスを訪問する機会があり、自分の認識不足をつきつけられた。なぜなら、収入に応じて料金が違うスライド方式を採用していたからだ。つまり、低所得者でなくても、貯金が数千万あっても入居できるのだ。月々の利用料金は所得によるが、80代になると年金収入のみの人が多いので、おのずと料金は低くなる。

軽費老人ホームにはA型、B型、C型があり、A型、B型には所得制限があるが、C

型には所得制限がない。このC型をケアハウスと呼ぶのだ。つまり、誰でも入れる。

有料老人ホームもいろいろあるようにケアハウスもいろいろだが、食事の提供、掃除の生活支援、緊急時対応など、より有料老人ホームに近いサービスが受けられるところもあれば、介護が必要になると介護付きのケアハウスに移転できるところもある。

建物や部屋の広さやしつらえは有料老人ホームよりは劣るかもしれないが、誰でも払える月々の利用料は魅力的だ。

SSSの会員が入居していたケアハウスは緑いっぱいの大学キャンパスに隣接していて、雰囲気は学生寮のようで悪くない。元は通訳の仕事をしていた88歳の会員は、お金の心配がいっさいないケアハウスに大満足していた。彼女の場合、月々のハウスへの支払いは、光熱費、食費、管理費込みで8万円台なのには、驚かされた。知らないことってあるんですよ。世の中には、あまり知られていない高齢者施設があるんですよ。

以前、彼女は1500万円の一時金を払い、月々、管理費十数万円の有料老人ホームに入居していた。しかし、そこを1年で解約し、ケアハウスに移転したのだ。今は、お金に余裕ができたので、なんの不安もなく旅行を楽しんでいると笑った。

人に自分の終わりを託すとき、一番怖いのが値上がりなどのお金のことだ。以前、大手有料老人ホームに入居したお婆さんが、値上げにより月々の管理費が払えなくなり、荷物をまとめて出て行くように言われたと、聞いた。

ケアハウスも一律ではなく、オーナーにより違うので、自分の目でよく確かめて決めるのがいいだろう。とにかく、人の世話になって死のうと思うなら、血眼《ちまなこ》になって情報を集め、自分の目でみて考えて決めるべきだ。わたしの情報も鵜呑みにしないで、自分で調査してみてください。

主な高齢者施設の種類

公的施設

特別養護老人ホーム	要介護3から利用できる公的な介護保険施設。
介護老人保健施設（老健）	要介護1から利用できる、病院と自宅をつなぐ施設。
介護療養型医療施設	医療が必要な高齢者のための介護保険施設。
軽費老人ホーム	60歳以上で、自立、またはお手伝いが必要な方のための施設。 食事・生活支援サービスのあるA型、自炊のB型、ケアハウスと呼ばれるC型がある。
ケアハウス	60歳以上で自立した人なら誰でも利用できる。介護サービスを備えた「介護型」、外部の介護サービスを利用する「自立型」がある。どちらも食事・生活支援サービスがある。所得に合わせた利用料の設定がある。

民間施設

有料老人ホーム	介護付き、住宅型あり。入居金、利用料などがかかる。
グループホーム	認知症の人のための施設。
サービス付き高齢者住宅（サ高住）	初期費用が安価な高齢者用賃貸住宅。見守りや食事など、施設によりサービスを受けられるところもある。

家賃3万円で暮らせるサ高住がある

特養は、順番が回ってくるころには墓場

有料老人ホームは高すぎて利用できない。かといって、自宅で最後まで頑張る気力体力が自分にあるとは思えない。ひとり暮らしが可能なうちは自宅で過ごし、いよいよ無理なときは行政のお世話になり特別養護老人ホームに入れてもらおうと、考えている人は多いはずだ。

しかし、皆さまもご存知のように、最後の救いである特別養護老人ホームも、年々敷居が高くなる一方で、お世話になりたくても要介護3以上でないと受け付けてもら

えない状況になっている。高齢者の急増による待機者の増加で、特別養護老人ホームが足りない状態はこの先も続くだろう。要介護3になるまで自宅で介護を受けながら、順番待ちをする。そのうちに、状況は悪くなり要介護4になる。一年が経ち、二年が経ち、順番が来たときは、墓場に入っている。これが日本の老人福祉の現状だ。

団塊世代のわたしが85歳になるころ、どんな光景が待っているのか、想像したら恐ろしくて眠れなくなる。介護状態になりたくないが、自分だけはならないという保証はないからだ。

まわりを見ていると必ずしも高齢になったら介護が必要になるかというとそうでもない。自分がどういう状態になるかは、そのときにならないとわからない。だからわたしは、考えないことにしている。臆病なのかもしれないが、それならそれでいい。その前に新型ウイルスにやられて死ぬかもしれないし、考えてもしかたがないことは考えないに限る。

運がいいのか悪いのかよくわからないが、経済的に恵まれた人は、有料老人ホームに入ればいいだろう。そこが天国か地獄か知らないが、自分で決めた責任をとればいいだけだ。

終の棲家の情報収集と判断は自分自身で

ひとり身のわたしは、50歳のときから終の棲家に興味を持ち、グループハウジング研究会を立ち上げ、シングル女性の終の棲家を研究してきた経緯がある。そのころは、そうは言ってもまだ若かったので、楽しい夢の終の棲家づくりでしかなかったが、年齢を重ねると共に、現実味を増してきたこともあり、数々の高齢者住宅を取材してきた。

どういうわけか、わたしは「家」と縁がある。家と人生は切っても切れない間柄だからだろう。

『女が家を買うとき』（文藝春秋）でデビューしてから、計画してきたわけでもないのに、住まいと生き方に関する本を書いてきた。新しい高齢者住宅を手掛ける会社や団体から講演のお呼びがかかり、一時は、「シングル女性と住まい」の講演依頼が殺到した。主催者は、広報活動と入居者募集の目的で講演会を開くのは知っている。そんなとき、自分は人寄せパンダなのだと思うが、自分の体験から「シングル女性は結婚より家を買うほうがいい」と本音で話すものだから、主催者に喜ばれたが、売り上げに協力しているわけではないので、評価はどうでもよかった。

そのころ、ある大手のデベロッパーに呼ばれて講演したところ、わたしの話に背中を押されて、何人かが物件を購入したと知った。会社の人からはお礼の言葉はなかったが、購入を決めた方は、わたしに報告してくれた。「松原さんの話を聞いてよかった」と感激していた。ま、それでいいわ。

また、最近のことだが、何度も取材させてもらっている、市民目線に立った高齢者住宅づくりをしている会社から講演を依頼された。気持ちよく話させてもらい、帰ろうとすると、新しくできるサ高住の説明をするので、よかったら聞いていってほしいと言われ残った。もし、いい情報ならSSSの会員に伝えたいと思ったからだ。

顔見知りの担当者が説明を始めた。しかし、話を聞いているうちにわたしは度肝を抜かれることになった。皆さんもきっと聞いたら驚きますよ。サ高住と言えば、入居金は数十万で月々の家賃が10万円台というのが相場だ。それが、それが、月々の家賃3万円!!　だというのだ。ジャパネットたかたではないが、「たった3万円ですよ」

3万円でサ高住に入居できるなんて、聞いたこともない。そんなの無理だ。どこにあるのか。離島か。それとも築60年以上のボロボロの建物なのか。ああ、知らないことってなんて多いのだろう。もし、わたしが説明会に付き合わずに帰ったら知らなかった情報だ。なんでも付き合うのは大事だ。お宝は自分が探していないときに落ちているものだ。

これは国や自治体、民間事業者が連携して進めているプロジェクトの一つで山梨県都留《つるし》市にできた「ゆいま〜る都留《つる》」である。「ゆいま〜る都留」は2棟80戸からなる、2019年9月にオープンした旧雇用促進住宅を改修してできた自立型のサービス付き高齢者住宅だ。敷地内には交流スペースが設けられていて、カフェ、レストラン、小規模多機能型居宅介護施設まで入っている。

家賃3万円が可能なのは、都留市の「生涯活躍のまち」構想の第一弾であるため、自治体からの援助があるからだ。サ高住に住むには家賃のほかに、通常3万円ほどのサポート費がかかるが、月6万円台で入居できるのは魅力的だ。また、都留市は新宿から電車で90分と意外と近い。そのせいか首都圏からの応募が半分以上を占める。2020年夏現在の入居率は9割近い。

首都圏に住んでいる人は、なかなか都会を離れがたいだろうが、災害に弱い首都圏で高齢になるよりも、これからは自然の中で安心して暮らすのはどうだろうか。

新型コロナの影響で、これからは今までのように日本経済は回っていかないだろう。年金カットもすぐそこまできている。何が起こってもおかしくない時代に老後を迎えるには、まずはお金の心配がないことだろう。何度もくどいようだが、判断はご自分でしてください。わたしは頼まれてこの紹介を書いているわけではないので、そこのところよろしく。

「ゆいま〜る都留」に関心のある方は、左記でお聞きください。

●生涯活躍のまち　移住促進センター
フリーダイヤル０１２０－１５４－７３２

オランダでは高齢ひとり暮らしは普通だ

高税金高福祉のオランダ、高税金低福祉の日本

2018年、視察団で訪れたオランダが、あまりにも衝撃的だったので、事あるごとに「オランダでは」と日本と比較して語りがちなわたしだが、高税金高福祉の国と、高税金低福祉の国をそもそも比較するのが間違いなのは重々承知だ。

オランダやドイツ、その他の欧州の国の人たちは、その教育の違い、文化の違いから自立した人たちが多い。日本のように記憶力重視の教育ではなく、自分で考え批判する力をつけさせる教育のため、若いときから考える力がついているからだ。

オランダでは、最後の最後まで国が面倒をみてくれる。あちらに行ったときに「オランダの人は老後の不安はありますか」と聞いたところ、「不安な人はいない」ときっぱり。この安心感は、何ものにも代えがたい。高福祉社会はいいことばかりではないと聞いたが、わたしが見てきた限りの印象では、弱者救済がきちんとなされているだけで、羨ましく感じた。

日本には生活保護があるが、いざ受ける段になると簡単にはいかないと聞いている。また、「生活保護受給者にはなりたくない」という理由から、申請しない人も多い。オランダの場合は、老人ホーム入居に関しても、その人の所得により支払い額が決まるので、ある程度の平等が守られている。

長生きすればひとりになる確率は高くなる

アムステルダムの低所得者用高齢者住宅を見学したとき、「これが低所得者用なのか」と目を疑った。日本の有料老人ホームより立地も作りもいい。最悪でもここに入居できるのかと思うと救われる気がした。

オランダの社会では、誰もが18歳で家を出るという高い自立性があるため、どんな金持ちの息子でもひとり暮らしをする。ひとりで自活して生きることは、人としての基本という考え方が底辺にあるからだ。

パラサイトシングルという言葉が流行ったように、大人になってもひとり立ちしない人が日本には多すぎる。また、日本の親も、それを悪いことと思わないのだから、頭がかなりいかれているとしか言いようがない。

自分の食べる物は自分で捕る。野生動物の場合、親は食べ物の取り方は教え、子供から去る。ああ、なんという立派な親なのだろうか。ああ、だからわたしは動物が好きなのだ。人間の親子を見ても美しいと思わないが、動物の親子は自立していて美しい。

親に甘やかされ、食べ物を捕る力ももぎ取られた人が大人になり、高齢者になる。人として自立していないので、伴侶と死に別れただけで生きていけなくなる。そこから引きこもりが始まり、みじめで寂しいひとり暮らしが始まる。

オランダではひとり暮らしをしているのが普通だ。有料老人ホームなどの施設に自分から入ろうとする人はとても少ないと聞いた。それは、自宅で最後までひとり暮らしをして死ぬのが自然と考えられているからだ。

それを支えているのが、ホームドクター制であったり、地域のボランティア体制が整っていることがあげられる。ここが日本と大きく違う点だ。余談になるが、なぜオランダは地域協力が進んでいるかというと、オランダは海面下の国だ。水の中に町を作っているので、防水壁に穴があくと町が沈んでしまうため、皆で協力するのが当たり前になっているからだ。

だから、同じひとり暮らしと言っても、日本のように高齢者が孤立していることは、少ない。今、日本と言ったが、日本の都心部と言いなおそう。

何を言いたくてオランダの例を出したか。それは、長生きすればひとりになる確率は高くなるので、ひとり暮らしを前提に生きようと言いたいのだ。

福祉が充実していることはいいことだし、地域が見守りをしてくれるのも素敵なことだ。しかし、それらは木で言えば、枝葉のこと。緑の葉っぱも、咲く花もいいものだが、高齢を生きぬくには、木の幹の部分がしっかりしてないとだめだ。

「葉っぱや花がなくてもいい。わたしはひとりを強く生きる」という気持ちが必要かなと、思う。これは、わたし自身に言い聞かせていることだ。

ひとり暮らしだろうが、施設暮らしだろうが、どんなに親切にされようが、わたしたちは、そのうちあの世に逝く身だ。人に老いを委ねるのではなく「人はひとり」という確固たる信念こそが、自分を救うような気がしてならない。

第4章　ひとり暮らしの人が終末期のために準備しておきたいこと

死後のことより、死ぬ間際のこと

安心して死ぬことができない時代

世の中の終活ブームは収まる気配もなく続いている。新聞の雑誌広告欄には、終活の文字が見当たらないときがないほどだ。お墓のことや遺言のこと。少子高齢化に伴い、自分の死後は墓守がいないという人が急増していることから、墓じまいの値段と方法など、死ぬ前にやるべきことを毎週のように特集している。

聞くところによると、週刊誌のネタがないときに終活を特集すると売れるそうだ。子供がいても子供に迷惑をかけたくないというシニアが増えたからだろう。自分の店じまいは自分でしたい。そのために知識が必要なのだ。こんな言い方をしたら顰蹙《ひんしゅく》を買うかもしれないが、日本人はいつの間にか、「今を楽しく生きる」ことを忘れて、死後のことにしか興味のない人になってしまったようだ。

「終活はほどほどにしよう」がわたしの持論だが、昨今の世の中の様子を見ていると、終活に振り回されていて、趣味は「終活」になっている人が多すぎるような気がする。

本来、終活というのは、家族や子供のいない人に必要なものだった。つまり、ひとり身の人のためのものだった。思い出してもらえばわかるだろうが、ひと昔前までは、老人の死は家族の中で行われていて、特別なものではなかった。しかし、昨今の少子高齢時代において、夫婦二人暮らしの方も多くなり、家族の中で自然に死ぬことができなくなった。だから、ひとりの人でなくても、自分の死は自分で準備しなくてはならなくなった。

ひとり身女性の団体であるSSSネットワークは、今から22年前の1998年からおひとりさまの終活を行ってきた。その当時はまだ終活という言葉もなかった。ただ、会員から「今はいいけど、最期が不安」の声を聴いている中で、ひとりの人が入れるお墓が必要だと考えて作ったのが、府中ふれあいパークの中にある「女性のための共同墓」だ。

わたしたちの共同墓は、戦争で相手がいない時代に独身を余儀なくされた女性のために共同墓を建立した市川房枝さんや谷嘉代子さんの魂を受け継いで、作ったという経緯がある。戦争時代のシングル女性から、現代のシングル女性への安心のバトンを受けとった、とわたしは理解している。

昔は、家族の中で自然に死ねた

時代の流れと変化は速い。本来、ひとり者の後じまいだった「終活」が、今や家族を持つ人にまで広がった。つまり、善し悪しは別として、子供がいても人に頼れない時代になったのである。

昔は、人間にとり大事なことは家庭内で行われた。出産、結婚式、病気、介護、死。思い出してほしい。死はさりげなく日常の延長で行われた。わたしの祖父母も、居間に寝かされているうちに消えるように亡くなった、その光景を今でも鮮明に覚えている。なんだかとても懐かしいが、現代では、自分で自分の死の準備をしない限り、安心して老いることも死ぬこともできない時代になったようだ。そこで、マスコミがこぞって取り上げる「終活」に食いつくのだ。

共同墓を作った当初は「これで最期の場所が決まって安心ね」と浮かれていたが、それはわたしたちがまだ50代だったからであり、会員の多くが70歳前後になった今は、お墓や葬儀など、いわゆる死後のことより、死ぬ寸前のことのほうが重要だと気づかされている。

墓や葬式、家の片づけや電気・ガス・水道を止めることなどの死後の準備も大事だが、そのとき、自分は存在していない。死んだ後より生きているうちに起こり得る大事への準備こそ、本当の終活だと思うからだ。自分が存在していないというのは、どんなに準備しても、自分で検証することはできない。

「死んだ後の遺族の様子を見たい。誰が葬式に来たのか知りたい」と真顔で言った人がいたが、気持ちはわかるがファンタジーでしかない。

自分の死後のことが、そんなに重要だろうか。終活に夢中になっている人と話すたびに、どんどん冷めていくわたしがいる。

「女性たちの共同墓」に契約して亡くなった人の追悼会を行ってきた経験から言うと、死後のことはいくら準備していても、お金を払っていても、残念ながら、本人の意思通りにはならないことが多い。

つまり、よく言われていることだが、死人に口なし。死んだら文句は言えないのだ。生きていてこそ口で伝えることができるが、死んだ後は、生きている家族次第なのだ。そんな現場をわたしは22年に渡って、見てきた。

わたしたちの共同墓に契約した会員は、生前に「ここに眠る」という強い意思のもとに霊園にお金も支払っている。クリスタルボードに名前も刻んでいる。

しかし、現実は、契約済みにもかかわらず、亡くなると、家族の意向で別のところに納骨されるケースも多い。会員を知るわたしとしては、とても残念でどうにかしてあげたいのだが、身内が出てきて「こちらのお墓に入れますので」と言われれば、「でも、ご本人は……」と抵抗することはできない。「ごめんね」と心の中で詫びるが、冷たい言い方かもしれないが、そういう家族関係だったのだと、思うことにしている。

SSSの理事で一緒に活動してきた大事な女性が亡くなったときも、家族から電話があり「やはり、こちらのお墓に入れますので」と言われて終わった。本人の強い意思を知っていたので、寂しかったが、共同墓に遺骨は入ってなくてもいい、魂はあるのだからと、みんなでバラの花を捧げて追悼した。突然、家族が出てくると、他人のわたしたちは黙っているしかないのだ。家族とは、本人の意思を尊重するより、自分の都合を優先させる人たちのようだ。たとえ親きょうだいがいても、シングルの彼女は、自分の意思で仲間であるわたしたちと共に活動してきた。彼女にとって、家族より大事な存在だったはずなのに。彼女が、家族により埋葬されたお墓をお参りしたことがある。その立派なお寺の立派なお墓を見たとき、こんなところでひとりで寂しいね、と涙した。

死後のことより大切なことは

こんな経験から、死後のことは自分ではどうしようもできないことを学んでいたので、墓や葬儀などの死後のことより、死の寸前の生きているときのことに、もっと関心を持つべきではないかと、余計なことかもしれないが思うわけである。

どんなにお金持ちでも、家族に恵まれた人でも、死んだら終わりだ。これまでに亡くなった会員五十数名の追悼会を行ってきて、心底そう思う。「死んだらバラの花で飾ってほしい。死んだら海に撒いてほしい」とエンディングノートに書くのはファンタジーとしてはいいが、実行性は少ない。家族が必ず出てきて、しきるからだ。

死後のことより、死の寸前のこと、すなわち、今の自分を失いかけたときの準備を真剣にしたいとわたしは言いたい。

人間は愚かなので、自分の身に降りかかってこないと実感しにくい。わたしも60代のときと70代に入った今では、老いについての捉え方が変わってきている。母親の老いや高齢会員の老いを間近で見せてもらっているので、少しは「老い」をわかっているつもりだが、実際に自分が80代になり白内障になったり、大腿骨《だいたいこつ》を骨折したり、くしゃみをしただけでおもらししたり、杖なしでは歩けなくなったりしたときでないと、老いを痛切に感じるのは難しいだろう。

50代で「年だわ」と嘆く人がいるが、70代になるとそんなものではすまされない。想像しなかった体の不具合に直面してがっくり。78歳の人にそのことを嘆くと、「あなた、まだ73歳でしょ。甘いわね。膝が痛い？　78歳になると、その程度ではすまされないわよ」と失笑された。

先日、膝痛で整形外科に行くと、衝撃の検査結果が言い渡された。

「骨密度が低いので背が縮んでいるはずですよ」

「えっ……!?」

他人は縮んでも、自分は縮まないと思っていたのでショックだった。

翌日、慌ててビタミンDとカルシウムの入った食材を買い出しに行き、教わった筋肉ストレッチを始めたが。

お墓や葬儀の準備は、ファンタジーぐらいに軽く考え、自分の老いが進んだとき、つまりさらに高齢になり体が弱ってきたとき、どうするのか。もし、終活をするのであれば、自分が自分でなくなるとき、そこに焦点を当てた終活をしたい。

わたしがここで取り上げるのは次の四つの項目だ。

1　延命治療をするか、しないか？
2　認知症を恐れない心を持つ
3　書類の処理を頼める若い友達を持つ
4　現金10万円を手元に置いておく

次の項からは、これら四つのポイントについて細かく話したい。

延命治療をするか、しないか

日本は命の後進国

いくら若いつもりでいても65歳を過ぎれば、いつ死んでもおかしくない年ごろだ。健康には絶大なる自信を持つ人でも、脳梗塞で倒れたり、がんなどの思わぬ病に遭遇するのもこのころだ。亡くなったＳＳＳの会員の年齢を見てみても、60代がとても多い。そんな現実を見るたびに、「人生１００年時代」と、メディアで言われていることは本当なのか？　60代会員死亡の知らせを受けるたびに、猜疑《さいぎ》心が募る。

60代で亡くなった人のほとんどの死因はがんなのだが、「若すぎる」と口では言いながらも、内心は複雑だ。昨今のコロナによる社会状況を鑑みると、「大変な世の中になる前に召されて幸せだったのではないか」と思えるからだ。

いい人は早く死ぬと言われているが本当だ。いい人は神様が、恐ろしい経験を回避するべく、先に救いあげてくれているのかもしれない。これまでに亡くなった仲間を思い浮かべるとき、東日本大震災も知らず、新型コロナウイルスの世界的流行も知らず、そしてこれから起こり得るだろう日本経済破綻も経験せずにすんだのだから。

口の悪いわたしは、おそらく長生きしてしまうかもしれない。そうならないためには、今から心を入れ替えて優しい人間にならないといけないのだが、なかなか生まれ持った口の悪さはそう簡単には変えられそうもない。長生きすることを考えると、羊が何匹いても眠れなくなる。

運悪く、わたしが90歳まで生きたとする。高齢になると病気ではなく、老衰で亡くなるのが普通だ。老衰は苦しまないと言われているが、持病が悪化する人もいるし、わたしのように肺が悪い人もいる。昨日まで話ができていても、突然できなくなることも起こり得る。

死の瞬間は突然訪れる。そのときに、自分の意思をはっきりと伝えることができればいいが、意思を伝えられない状態になることも想定される。

わたしたちが元気な今、考えておかなければならないのが、そんな状態になったとき、延命のための医療行為をしてほしいのか、否かだ。つまり、口からモノを食べられなくなったとき、どうしてほしいかだ。これだけは、元気な今のうちに決めておく必要がある。

最近は、日本でも尊厳死に対する理解を持つ医者は増えているようだが、安心はできないので、もし延命治療をせずに尊厳死を望むのなら、今、決めておきたい。

我が国日本は、先進国でありながら、命に関する考え方が非常に遅れている。欧米の医療機関や福祉施設などを訪問し、医療従事者や一般の人と話をするたびに、日本は命の後進国だと感じざるを得ない。

わたしは欧州を訪れるたびに、日本人は自分の命を人まかせにしていることを再確認させられる。命を医者に預ける日本人が、いまだに多いのは奇妙にさえ思える。医者や専門家が何をしてくれるというのか。信用するなら自分で学んで導き出した信念と結論だ。

欧州では、「口からモノが食べられなくなったら終わり」という考え方が一般常識になっているので、日本で頻繁に行われている延命治療はしないのが当たり前だ。オランダに視察に行ったときも、「オランダには延命治療という言葉すらない」（誇張した表現だったのかもしれないが）と、笑って答えてくれたのを鮮明に覚えている。

延命治療とは、口から栄養を摂れなくなった患者に施す治療のことだ。ご存知の方も多いだろうが、胃に穴を開けてチューブで栄養を入れる胃ろうは、日本ではかなり頻繁に行われている。先日も大学病院の医師を引退し、老健（介護老人保健施設）の理事長兼医師をしているという方に会ったとき、胃ろうをするのは当たり前だと言っていたのには、驚いた。第一線で働いてきた医師は、いまだに命は医療で延ばすものだという考え方を持っているようだ。

胃ろうだけでなく、鼻からチューブを胃まで差し込んで栄養を補給する鼻チューブ。これも延命治療の一つだ。鼻チューブは、実際にチューブを入れられ、生かされた人にしかわからない苦痛の連続だという。その治療を知ったなら好んでやる人はいないはずだが、無知な家族によりやるはめになるのだ。実際の現場を見てきたから言えるのだが、鼻チューブによる栄養摂取は地獄ですよ。想像してみてください。スパゲティのような管が鼻から喉にずっと入っているのですよ。喉に小骨がひっかかっただけでも、相当な違和感なのに。

欧州の場合は「延命治療はしないでください」と本人家族が嘆願しなくても、延命治療が施されることはない。「口からモノが食べられなくなったら、それで終わり。静かに楽にあの世に旅立ちたい」。そういう死生観があるので、死を不安がることなく安心して生きているのだと、わたしは理解している。自立した大人の国だと訪問するたびに思う。

さて、日本の場合だが、もし延命治療を拒否すると決めたときは、日本尊厳死協会に入り宣言書を作り家族に伝えておくのがいいだろう。しかし、その宣言書が発見されないまま救急車に乗せられ人工呼吸器をつけられてしまうこともあるので、宣言書を第一発見者に見つけてもらう必要がある。第一発見者は家族かもしれないし、救急隊員かもしれない。ひとり暮らしの人の場合は、玄関のドアの裏に貼っている人もいる。これは、確かに目にはつくが、毎日これを見て生活するのは、楽しそうには思えない。わたしはやらないが、不安な人にはおすすめだ。

また、施設で生活している場合だが、医師や病院により対応が異なるので、延命治療を拒否するときは、施設の職員に事前に伝えておく必要がある。怖いのは、高齢の人が突然食べなくなり、施設職員があわてて救急車を呼んでしまうケースだ。

苦しんで天国に行くか、気持ちよく天国に行くか

また、ある介護施設の話で、最近こんな例があったと聞いた。90代の入所者の方の容体が急に悪くなったので、スタッフはあわてて救急車を呼んだ。救急車が到着し、救急隊員が呼吸器をつけようとしたとき、ひとりのスタッフが、その入所者が日本尊厳死協会に入っていることを思いだし、隊員に呼吸器をつけないよう頼んだ。すれすれセーフかと胸をなでおろすと、隊員はこう言ったという。

「命を救うのがわたしたちの仕事です。呼吸器をつけないと患者さんは死んでしまいます。わたしたちは呼吸器をつけないで病院に運ぶことはできません。もし、つけないというなら、わたしたちは帰ります」

救急車はタクシーではないので、治療をしない人を病院に乗せていくことはできないのだ。で、どうなったかというと、救急車は空のまま去って行ったそうだ。介護施設の現場では、こういうことがよくあるらしい。

死の間際で意思を伝える画期的方法

SSSの会員はほとんどがひとり暮らしなので、99％の人が延命治療拒否の意思を持つ。彼女たちは、身元保証人になる家族がいない苦労があるかわりに、延命治療拒否に口出す家族もいないので、自分の好きなように天国に行けるのが最大のメリットだ。

人はいつ災難に見舞われるかわからないので、元気で頭もしっかりしているうちに、今すぐ図書館に走り、延命治療について調べ、延命治療をするか、拒否するかを決めておきたい。

もし、延命治療をしないと決めたなら、家族や親しい人に伝えよう。家族に伝えたくない人は、冷蔵庫に貼っておくか、ドアの裏側に貼っておくか、親しい人だけが知る場所を決めるなど、その方法を考えるのは結構楽しい。

また、家族に延命治療の知識があればいいが、多くの場合が、家族が動揺して本人の意思を聞いていても「助けてください」と言ってしまう。

いざというときは、いつどこで発生するかわからない。これまで自分らしく生きてきたのに、最期が人の意向で決まるのは、許せなくないですか。延命治療をするか、しないかは、苦しんで天国に行くか、気持ちよく天国に行くかの、まさに瀬戸際なので、早めに考えておいたほうがいいだろう。

そこで武蔵は考えた、ではないが、そこで松原惇子は考えた。ひとり暮らしの人が倒れ、誰かが救急車を呼んだとする。本人は意識なし。そのときに、運よく隊員が貼り紙を見れば、延命治療拒否の場合は何もせずに去ってくれるからいいが、貼り紙も尊厳死宣言書も見つけてもらえなかった場合はどうなるか。そうだ！　宣言書を体に巻きつけておけばいいではないか‼　とわたしはひらめいた。これなら絶対に見つけた人の目に留まる。

冗談っぽく聞こえるかもしれないが、延命されるのが心配で眠れない人は、「延命治療を拒否します」と書いたTシャツを着て寝ればいい。パジャマ代わりに延命治療拒否Tシャツを着て寝る習慣をつければ、どこで倒れようが、相手に伝わるはずだ。このアイデアをSSSの集会で話したところ大いにうけた。

救急隊は、まず衣服を見る。嫌でも目に入る変なTシャツ。「なんだこれは？」と文字を読む。

延命治療拒否派の皆さん、わたしの本気度、わかっていただけますよね。「死を笑って語る」をモットーにしているSSSでは、創立22周年の記念グッズとして「延命治療拒否Tシャツ」を制作中だ。数に限りがあるが、どうしても欲しい方にはお分けできるかもしれないので、NPO法人SSSネットワークのHPで確認してください。

認知症を恐れない心を持つ

ボケは自然なこと、ボケない年寄りはいない

認知症になりたい人はいないだろう。わたしもそうだが、誰だって死の直前まで、自分のままでいたいはずだ。

認知症になると、自分がわからなくなるが、それはそれでいいという人もいる。わからなくなるほうが幸せだという人もいる。認知症になった母親の介護をした女性は、頭がしっかりしていたときよりも、母はかわいい人になったと笑う。にこにこして「ありがとう」と言うのでヘルパーさんからも好かれたというが、娘が誰だか認知して

おらず、「どなたか知りませんが親切にありがとう」と言われ続けて苦笑したらしい。また、その逆で、同じ認知症でも、怒鳴り散らしたり、徘徊《はいかい》したりする人もいるので、一概に認知症と言ってもさまざまだ。

経験したことがないので何とも言えないが、かわいい認知症なら、それもよしかなと思ったりするが、現在かわいくないわたしが、ボケてかわいくなるはずもない。専門家によれば、長生きすれば、重さは違えどボケは自然なことだという。しかし、子供のいないひとりのわたしは自分を失うのが怖い。

夕方の市役所からのお知らせがスピーカーから流れるとき、それは決まって「迷子のお知らせ」だ。それも、認知症のお年寄りの迷子だ。最近の子供はGPS機能付きのスマホを持っているので、迷子にならないようで、子供の迷子のお知らせは聞いたことがない。時代は変わったなあと、放送を耳にするたびに思う。

ボケたことを周りの人に教えてもらうようにしておく

気がつくと、自分も知らないうちにシニアと呼ばれる年齢になり、最近は、物忘れも多くなった。先日も、いつものようにジムに行き、人がいないなあと感じながらも、ロッカールームまで行き、そこではじめて休館日に気づくというありさまだ。

自分では絶対にボケないつもりでも、ボケは、南極の氷が温暖化により溶けるように、じわじわと人間の頭を浸食しているのかもしれない。

「認知症になったらどうしよう。それだけが心配です」という不安の声をよく聞く。特にひとりの人は、認知症を激しく怖がる。なぜなら、認知症の兆候が出たとしても、身近に察知して教えてくれる人がいないからだ。

もし、自分で気づかないまま認知症が進んでいたらどうなるのか。誰が、認知症の自分の世話をしてくれるのか。自分はこのまま自宅で暮らせるのか。それとも……。悩みは次々と出てきて尽きない。

実は、こんな本を書いているわたしも「もし、認知症になったらどうするの」と聞かれたら返事ができない。心の中では「そうなる前に死ぬから大丈夫」と思っているが、正直自信がない。

もし、認知症になるのが絶対に嫌なら、これは回答にはならないと思うが、長生きをしないことだ。青汁を飲んだり認知症予防の体操は、今すぐやめることだ。この件についてはあまり深く考えると頭が痛くなるのでやめるが、認知症になる心配よりは、認知症の気配が現れたら、まわりの人に教えてもらえるようにしておくことが今やるべきことではないだろうか。

ある年齢になったら、地域包括支援センターや社会福祉協議会に出向き、顔見知りを作っておくのもいいだろう。

「あなた、もしかして認知症かもしれないから、検査を受けてみたら?」とか「あなた、最近、間違いが多いけど、認知症じゃないの?」と言うのは、本人のことを思っていても言いにくいものだが、まだ100%頭がクリアなうちに、正直に忠告してもらえる人間関係を作っておくことが大事だ。

医者ではないので断言できないが、認知症は老化の一種で治せるものでも防げるものでもないような気がする。長生きに伴う神様からのギフト。だから、むやみに心配するのをやめて、「わたしは十分楽しく生きてきたので、運命の神様、後はどうにでもしてください」とおまかせするのはどうだろうか。

どうしようもできないことをあれこれ考えて、限りある時間を使うほうがもったいないと思う。

ボケを恐れるより、今気持ちいいことを

もし、認知症になるのが死ぬほど心配なら、早めに有料老人ホームなどの施設への入居をお勧めする。わたしを含めそんなお金の余裕がない人は、今の生活を楽しみながら、なりゆきまかせで生きる。

地球の先も読めない時代に、自分の先に起こることも予測不可能だ。誰も自分の命のことはわからない。だから、そんなわからないものに執着して生きるのをやめて、山や海にでも出かけませんか。温泉もいいですね。いずれ高齢になれば諦めざるを得ないことを、今やりませんか。自分が気持ちいいことを今やりませんか。

ＳＳＳの会員で認知症になった80代の方がいた。彼女は公営住宅にひとり暮らし。頭のしっかりした政治好きの方だった。市川房枝さんにとても似たしゃきっとしたお婆さんだった。なぜ、彼女の自宅にお邪魔したのかは、10年以上前のことなので忘れたが、とにかく彼女は元気だった。それから何年か経ったある日、行政の方からＳＳＳに連絡が入った。近所の人や民生委員によると、認知症の症状が出ていると報告があり、伺ったところ、ひとり暮らしが難しいと判断されたという。そこで、身元保証人になっている甥に連絡をとり、ケアハウスに入居させてもらったということだった。

そして、それから半年ぐらい経ってからわたしと副代表だった女性と二人で、彼女がいるケアハウスを訪問したところ、昔のことはかすかに覚えていたが、現在のことは理解していないようだった。もちろんわたしのことも「そうなんですか」というような反応だった。

ひとり暮らしの高齢者の場合は、その人の年金の範囲内で暮らせる施設に入れてくれるようだが、これからはわからない。

また、自宅にいるときは暴れていた人でも、施設に入ることで落ち着く人もいると施設側から聞いたことがある。

「その人を尊重してあげると、落ち着くんですよ」と施設のオーナーはにこにこしながら話してくれたが、認知症の場合は、どういう施設のお世話になるかにより、幸せ度が違ってくるようだ。

書類の処理を頼める若い友達を持つ

「成年後見制度」では書類の処理は頼めない

年配の方に言ったら、「まだ若いのに」と笑われてしまったが、最近、書類を読むのがおっくうになってきた。自治体や年金事務所、銀行から届く書類、もともと役所が好きでないせいか、送り主を見ただけで、気分が悪くなり開かずそのまま数か月。再催促の通知が含まれていたこともあり、ますます憂鬱になる。73歳でこの状態なのに、80代になったらどうなるのか先が思いやられる。

わたしだけでなく、多くの方が役所から来る書類を読むのは苦手ではないだろうか。

娘や息子のいる高齢者の方は「ちょっと見てくれない」とお願いできるが、長生きすると、その息子や娘も70代の高齢者だ。

先日、94歳の母が73歳のわたしに「書類を見てほしい」と言ってきた。介護保険関係の書類のようだったが、自分のものでも読む気になれない書類を、いくら親から頼まれたからといっても読みたくないので、息子（わたしの弟）に頼むようお願いした。息子と言っても67歳だ。ああ〜〜！　うちは全員が今の日本を代表する高齢者集団なのだ。

高齢社会に突入した日本において、家族だから助けあうという美しい日本はもはや成立不可能だ。皆さまもご存知の「成年後見制度」は、任意後見契約を交わし、子供や司法書士や他人に後見人になってもらうことで、自分で金銭管理ができなくなったときに、金銭の収支を管理してもらうことができる。しかし、これは、本人が認知症になって初めて履行されるものなので、頭のしっかりしているうちから「ちょっと、この書類の返事してくれない？」と頼めるものではない。

自宅暮らしが不安になり、「ちょっといい有料老人ホームがあったら見つけておいてくれる？」などと頼める契約ではない。本来は、有料老人ホームに入居するときの支払いなどお金の管理をするのが仕事だ。しかし、そこを理解している人は少ない。また、任意後見契約の発効後は、後見人に対して月々の支払いが生じる（身内が後見人の場合は、無報酬の契約も多い）。だいたい2万円から5万円が相場だ。その他に、裁判所が選任した成年後見監督人にも、月々1万円から3万円を支払う。

心配性の人は、認知症になったときのことを考え、任意後見人をつけることがあるが、わたしのまわりの70代以上の方を見ていると、後見人をつける代わりに、有料老人ホームなどに入所しその法人に後見人になってもらう形をとっている人が多い。

また、自宅で死にたい人は、甥や姪に遺産をあげる約束の代わりに、書類を読んでもらったり、役所の手続きなどを含めた、事務的なことをやってもらっている人もいる。

元気な高齢者が求めるものは、金銭管理というよりは、日々の書類の処理。

老いてくると、手足の動きが悪くなり、行動もスローになるように、頭はしっかりしていても働きが鈍くなる。その少し鈍くなったところのお手伝いこそが必要になるので、身近に頼める人を持つのは大事だ。いくら頭がしっかりしていると自分では思っていても、若い人から見たら立派な老人なのだから、若い人の力を借りたい。これも、立派な終活ではないだろうか。

書類の処理をお願いするなら身近な人で十分

いつも書類を見るたびに思うのだが、行政は本当に不親切だ。わざとわかりにくい言葉を使い、無駄な文章で紙を真っ黒に埋め、それを読めと言うのだから。不親切極まりない。

まもなく団塊の世代が75歳以上になるというのに、まったく誰に向かって文章を書いているのか。本当に呆れる。おそらく、自分が読んでも理解できないのではないのか。わたしはそんな読みにくい文章を見るたびに怒りがこみあげてくる。

「あなたには、子供でもわかる文章で書く勇気がないのね」。欧米なら誰もがわかる文章でなくてはNGだ。国会議員の答弁も同じだ。国民の心に言葉が入ってこない。「子供でもわかる言葉で国民を感動させろ！」と言いたい。きっと国民にわかっては困るから、わけのわからない言葉で煙に巻いているのだ。本当に政治家や役人ってどうかしている。公僕であることを忘れているおバカたちだ。

郵便でくる書類のことは弁護士や司法書士に頼むまでもないだろう。身近な人で十分だ。まだ、あなたが70代ならたっぷり時間があるので、今一度、現在お付き合いのある身内や友達の顔を浮かべて、お願いできる人がいるか整理してみたい。もしいなければ、これから若い友達を作ればいい。ボランティアなどに積極的に出て行くのもいいだろう。

そのことに気づいてからのわたしは、「この人ならお願いできるかな」「いや、彼女のほうがいいわ」と、まるで新しい恋人を探すように楽しんでいる。

ここだけの話だが、実は、わたしは、黒皮の手帖ならぬ、「いい人手帖」を作って楽しんでいる。時々、「いい人手帖」を開き、「昨年はこの人と思ったけど、この人じゃなかった。あの人のほうがずっと素直で好感が持てるわ」と。嫌な人ですよね。わたしって。いい死に方は絶対にしないわ。

現金10万円を手元に置いておく

現金がないと病院にも連れて行けない

ＳＳＳの会員の最期に立ち会って感じたことがある。その女性は70代ですい臓がんの手術をした。手術後の５年は元気だったが、再発したのか転移したのか容体が悪くなり、１か月前までは普通にしゃべることができたのに、その後急変した。彼女はマンションでひとり暮らしだった。

わたしがたまたま訪問したときは、ちょうど、在宅介護のチームを組んでケアプランを立てるために、訪問看護師、訪問医、司法書士、親しい友達と姪などが集まっているときだった。本人は在宅ケアを望んでいるが、状態がかなり悪いのでかかりつけの病院に入院させたほうがいいのではないか、とチームの面々は話し合っていた。そのそばで本人は、うめき声をあげている。息もはあはあと苦しそうにしている。入院するとなるとお金が必要だがどうするか。

姪は、クレジットカードの場所は知っているが、暗証番号がわからないという。「早く、聞きだして」と皆に促され、うめく本人に話しかけるが、呼吸すらつらい人に、暗証番号など言えるはずもない。昨日までは話せたらしい。

本人も急変するとは思っていなかったようで、数日前までは姪をつれて近所の銀行に行き、キャッシュカードで現金を下ろしていたというのだ。ベッドにうずくまり苦しそうにあえいでいる彼女を前に、皆が頭を抱えた。

訪問医や訪問介護ステーションの方は、在宅でケアすることが可能だという。しかし、話せる状態ではないので、24時間ケアをつけて面倒をみることは、そんなに簡単ではないはずだ。こんなとき、ひとり暮らしの人は大変だ。指揮者が必要だ。誰かに一任できるようにしておかなければ、皆が困る。

具合が悪くなってからでは遅いのだ。現金さえあれば、入院させる人も気持ちよくやってあげられる。介護タクシーを呼ぶこともできる。彼女の場合、一番かわいがっていたいとこがいて、お金を少し預かっていたことから、なんとか入院させることができ、かかりつけの病院でベッドも用意してもらえた。そして病院に運ばれた数時間後に彼女は息を引き取った。

お金は生きている間に使ってこそ価値がある

人の人生はいろいろなので、深く触れる気はない。ただ、この場面に立ち会って、現金の必要性をわたしは強く感じた。だから、皆さんに現金を手元に置くことをお勧めしている。

ただ、注意しなくてはならないのが、現金を用意してあっても、複雑な場所に置いてはだめだ。わたしのお勧めは、枕の下に10万円。100万円あれば申し分ないが、気になって眠れないといけないので、10万円ぐらいが妥当だろう。仮に、死に至るような病気にならなくても、自分で買い物ができない状態のときなどを想定して、親しい人に教えておくと、気楽に「これで、飲み物を買ってきてくれる?」と頼むことができる。

高齢で具合が悪くなると、歩くこともできなくなり、ドアのカギを開けに行くのも大変になる。キャッシュレスの時代になりそうだが、現金はとても便利なので、いざというときのために現金をベッドまわりのどこかに置いておくと、安心ではないだろうか。

自宅の死後の片付けを頼まれた業者から聞いた話だが、ある男性が亡くなった後、自宅の清掃を行っていたところ、ベッドのマットレスの下から敷き詰められた1万円札を発見したという。お金は、自分が生きているときに使ってこそ価値があるとその話を聞いて思った。

本当に生きたお金の使い方

相続人のいない財産は国の財布に入る！

ひとり身の終活の中でも要になるのが「遺言書」ではないだろうか。お金は全部使い切りゼロにして旅立つつもりだと言う人がいるが、理想としては素晴らしいが、余命のわかるがんにならない限り、お金を全部使って死ぬのは難しいどころか、できない。

残念だが、死ぬその日まで住まいも、生活費も必要だからだ。全部使って死にたい気持ちはわかるが、預貯金の額に関係なくお金は残ってしまう。

遺言書とは、自筆であれ公正証書にするのであれ、自分が残した財産を誰にあげるかを書いたものだ。自宅は誰にあげるか。預貯金は誰にどれだけあげるか。また、寄付をしたい人はどこの団体にいくら寄付するかを書く。そういう意味で遺言書を書くというのは、お世話になった人は誰か、自分の大切な人は誰かを確認する大事な作業でもある。

配偶者や子供を持つ人は、法定相続で遺言書がなくても配偶者と子供に行くようになっているが、伴侶も子供もいないひとりの人の場合は、親やきょうだい、甥や姪が法定相続人となるので、親やきょうだいと仲が悪く、遺贈したくない人は、遺言書が必要になる。ひとりの人にとり遺言書は、終活の中でも最も重要なものになる。

ここでは遺言書の書き方を述べるつもりはない。遺言書に関心のある方は書店に行って「遺言の書き方」本の購入をお勧めしたい。

SSSでも、講師を招き、何回となく遺言書についての勉強をしてきた。しかし、そのたびにわたしは、なんとも言えない違和感を覚えた。

誰にいくら残すか。どんなに少額でも、遺言書で遺産をもらった人はうれしいに違いない。思わぬ収入が舞い込むわけだが、自分で稼いだお金ではないので、宝くじに当たったようなものだ。しかし、喜ぶのはもらった瞬間だけだ。

あるとき、心ある会員の方から、「死んだら少しだけどSSSに寄付させていただきます」と言われたことがある。遺産でもらえるのはうれしいが、そのとき、その方はいないので、その方のためにこちらができることはない。亡くなった後ではお礼さえも言えない。

お金とは生きてるうちに使うもの

もし、遺産をあげたいと思う気持ちがあるなら、生きているうちにあげるほうが、こちらにとっても相手にとっても、お金が生きるのではないかと思うようになったのだ。

例えば、あなたがお世話になった友達に100万円遺贈と遺言書に書き、死後にお友達が100万円をもらったとする。その場合は「わあ、ありがとう」と3日間くらいは喜ぶだろうが、それで終わりだ。それでいいという方もいるので、むやみに勧める気はないが、あなたが生きているうちにお友達に100万円渡すほうが、双方にとり喜びが大きいと思う。

「これ、どうぞ。仲良くしてもらったお礼よ」と封筒を差し出されたら、どうしますか。すごく粋ではないだろうか。もらったほうはびっくりすると同時に、何かあったときは、駆けつけたいと思うだろう。身元保証人にも喜んでなってくれるかもしれない。もちろん、それが目的ではないが。

お金とは、生きているうちに使うもの。残すものではない。死んでから遺言書により残すから、もめるのだ。

例えば、猫を飼っている人の心配事は、猫より自分が先に死ぬことだ。誰が猫の世話をしてくれるのか気が気ではない。まわりに猫好きの友達がいたら「わたしが死んだら、このお金で猫のお世話をしていただけるかしら」と１００万円の封筒を渡したら、どうだろう。猫を置いて先に亡くなっても心配はなくなる。

介護や医療費など対価に対して支払うお金は出せるが、自分の人生を楽しいものにしてくれた人への感謝に対するお金を使える人は少ない。こんなことを偉そうに書いているわたしですら、まだ実践していないのだから、ハードルはかなり高い。

一口メモ

独身の人が亡くなったときの法定相続人の順位は

① 父母
② 祖父母
③ 兄弟姉妹
④ 甥姪

兄弟姉妹がすでに亡くなっているときは、甥姪が法定相続人となる。甥姪がいないときは、法定相続人はいないことになる。

独身の人が遺産を第三者に残したいときは「遺言書」を残すことが必要だ。なお、兄弟姉妹、甥姪に遺留分（相続人に保障された一定割合の相続分）はない。

第5章　あなたの理想の死に方は？

わたしは走り続けてバッタリ逝きたい

コロナが突きつけた「生き方の問い」

すでにこの世を去った人たちも、存命中は、自分がいつ亡くなるか知らないで生きていたはずだ。自分の死ぬ日がわからないからこそ、明日も元気に生きられる。女性は占い好きなので、何歳まで生きるのか知りたがり、占い師に聞きに行く人もいるが、正直、それは気休めでしかない。

いくら高度な人間様でも、自分の命を自由に操ることはできない。わたしたちは、自分中心に物事を考えがちだが、天から見ると、虫と同じようなちっぽけな存在だ。

生まれてしまったら、後は天の都合にまかせるしかないのだ。

そんなことは百も承知なのに、70代に入ってもいまだに愚かなわたしは、「人生90歳までの年表」を作っては眺めて楽しんでいる。「85歳で死にたい」と公言している人とは思えぬ行動だ。

もし、90歳まで生きてしまったら、当然体はよれよれだろう。そのときどうするのか。人に身も心も委ねるのが嫌いな自分の末路を想像するとき、やはり出てくる言葉は「その前に死にたい」である。わたしには、畳の上で死にたいとか、家族に囲まれて死にたい、親しい人にお別れを言って死にたい、ベッドに横たわってモーツァルトを聞きながら旅立ちたい……などという贅沢《ぜいたく》な希望はない。

ひとりの最期は人知れず静かにひっそりと去るのがふさわしいと思っているからだ。それをみじめと人は言うかもしれないが、もともと人にどう思われるかを気にして行動していないので平気だ。「どうぞわたしのことなんか忘れてお過ごしください」と、棺桶から起き上がって言ってさしあげたいくらいだ。

死に方については、仲間たちとよく話をする。こういう話は酒のつまみとしては最高でいつも大笑い。死の話はどれだけ熱く語っても、しょせんファンタジーの世界の話なので楽しい。「凍死が楽みたいよ」「あらそう。じゃ、それにするわ」とまるでレストランでメニューを選ぶような会話だ。「でも、どうやって雪山に登るの？　死にそうなのに歩いて行けないわよ」で爆笑。このネタをお笑い芸人に提供したいくらいだ。

死を笑って語れるのは、生命体がまだ若く元気だからだ。本当に自分に死が迫ってきたら、こんな話はしていられない。新型コロナウイルスの登場で、笑っている場合ではないことをわたしは今、突きつけられている。

実は、わたしは、気は強いが肺が弱いのだ。わたしにとり風邪と肺炎ほど恐ろしいものはない。まだまだ若い気でいるので普段は意識することなく生活していたが、「70歳以上の高齢者の持病持ちは重症傾向にある」と聞き、わたしのことかと高齢者であることに気づかされ、ドキッとした。

先の計画を立てず、目の前に集中して

見かけは70代の割には若いと思っているが、肉体は高齢者の自覚を持たないといけない。「90歳までの年表」がこのときほど虚しく思えたことはなかった。

降って湧いた新型コロナウイルス感染拡大は、わたしに、「どう生きて、どう死ぬの

か」という問いを突きつけた。今、まだ命がある間に、わたしは何をしたらいいのか。

ＳＳＳの会員のほとんどが会社員や公務員などの堅い仕事についている女性たちなので、彼女たちの価値観に合わせて終活事業などをやってきたが、わたしは、大学を卒業してからずっと一匹狼で生きて来た人間だ。活動は活動として、本来の自分である一匹狼として生きたい。そうでなければ死んでも死にきれないことに気づいた。

わたしは若いときからずっと、安心安全な人生ではなく、不安定な人生でも自分に妥協することなく前だけを見て走り続けてきた。そう言うとカッコつけているように聞こえるかもしれないが、要は、計画性がなく思いつきで生きてきた。そう、それがわたしなのだ。

70代の現在のわたしの年金は、厚生年金組から見たら、驚くほどつつましい。しかし、住む家もあり、多少の貯蓄もあり、食べることに困らず、いまだに書かせていただけて、好きなように暮らしている。わずらわしい人間関係もない。コロナ騒動で皆が自粛しているので、世間が静かで気持ちが落ち着く。執筆の合間に趣味の布花つくりなどをやりながら、一匹狼は遠吠えするのだ。

「なんだか、し・あ・わ・せ」

どう死ぬかは75歳になったら真剣に考えるつもりだ。今は今までのように、先の計画を立てずに、向こう3か月先のことに集中して暮らすつもりだ。老後の安心のために生きることは、不安症の方におまかせして、わたしは鼻先にニンジンをぶら下げられた馬のように、前だけを見て走り続ける。

60代で安心を求め有料老人ホームに入居した人

理想の終の棲家から地方の老人ホームへ

おひとりさま女性の老後を応援する団体「ＳＳＳネットワーク」の事務局にいると、65歳を過ぎるころから、終の棲家を真剣に考える人が増えてくるのが実感として感じとれる。

先日、都心の一等地のマンションで悠々自適の年金生活に入っていた吉田さん（仮名・66歳）から、突然、地方への住所変更の電話が入り、耳を疑った。なぜなら、彼女の住まいはシングル女性の理想の終の棲家と思われる立地にあったからだ。まず、地域の公共施設が充実していて、立派な図書館やスポーツジムも隣接している。おしゃれなスーパーも何軒もあり、徒歩圏内で生活のすべてが賄えるので、高齢者にはうってつけの場所だ。

最近は、首都圏のベッドタウンに暮らしていた夫婦が、老後の住まいを便利な都心のマンションに求めるケースが多いと聞く。それなのに、その逆ってあり得るのか。

あわてて、スタッフから受話器を受け取り、電話を替わると、間違いなくあの吉田さんだった。

「まあ、お久しぶり。最近会わないけど、お元気でしたか?」。すぐに、住所変更のことを聞くと、彼女は、明るい声でこう言った。

「ええ、そうなんです。一生、あのマンションに住むつもりでいたんですが、ある日、自分でも不思議なぐらい突然に、有料老人ホームに入居しようと思ったんです」

余計なこととは思いながらも、「60代では早すぎない?」と言うと、「直感というのか、老後の安心の確保は早いほうがいいかなと思って」と声を弾ませた。

「あなたが選ぶ有料老人ホームだから、高級なんでしょうね」と言うと、都心ではなく地方なので値段はお手ごろだという。自然の中にある静かなところのようだ。「いいところなので、ぜひ見学に来てほしい」というので、わたしは約束した。

不安の元を断つ決断

そうか。これまで都会でアクティブに暮らしてきた人も、70代を前にすると、どこで暮らすかではなく、どこで死ぬかを考えるようになり、自分に決断を迫るようになるのかもしれない。

定年退職してから月日が経ち、気持ちにも変化が出てくるのだろう。現役時代の延長で、このまま、便利な都心に住み続けて死ぬのか。それとも、何があっても安心な場所に移動するのか。

吉田さんは、有料老人ホーム入居を決めた理由についてこう語る。

まず、自分は未婚のひとり者であること。今は都心のひとり暮らしも快適だが、これから老いていく。足腰も弱くなるだろう。出歩くにも限界がくるだろう。病気にもなるかもしれない。認知症になるかもしれない。要介護になってまで、今のひとり暮らしを維持できるのか。答えは「ノー」だ。

ひとりの人の不安は尽きない。その不安を和らげてくれるのが、最後はお世話になれる場所ということになるようだ。彼女の意外な決断にわたしは納得した。

これまで有料老人ホームなどの施設に死に場所を求めた会員を見ていると、持病持ちで体に不安がある人や、人間関係が希薄な人が多いと感じていた。

しかし、吉田さんのようにアクティブに人生を謳歌している人でも、先のことを考えると不安はぬぐえず、移転を決めるようだ。

吉田さんの入った有料老人ホームは、入居者の平均年齢が70代と若いので、ヨガなどのアクティビティが豊富で楽しいと、彼女は声を弾ませる。

そうか。今を楽しむための入居もあり得るのだ。

お風呂で死ぬのは悪くない

浴室死の９割は高齢者

厚生労働省の人口動態統計によると、２０１８年の家庭の浴槽での溺死者数は５３９８人。そのうち９割以上は65歳以上の高齢者のようだ。

お風呂場は高齢者にとり危険な場所といわれている。94歳のわたしの母は、わたしと違いとても慎重できちんとした人なので、お風呂には昼間しか入らない。そんな姿を見ると、意地悪なわたしは「お母さん、まだまだ生きたいんだ」と思う。いくつになっても頭がしっかりしていれば、普通に生活できる見本みたいな母だ。

お風呂場で亡くなる人が多いのは、言わずとしれた脱衣所とお風呂場の寒暖差によるヒートショックや湯船で眠ってしまったり、滑って転倒したり、とにかくお風呂場は高齢者にとり危険な場所だ。

マンションの場合は、気密性が高いので、比較的温度差を感じずにお風呂に入ることができるが、戸建ての脱衣所は、シベリアのように寒いのをわたしも身をもって経験している。実は、わたしは、自分の家のお風呂にほとんど入ったことがない。目黒のマンション時代も同じだ。理由は、近所のスポーツジムをお風呂代わりに利用するのが習慣になっているからだ。

ジムはわたしにとり銭湯。お湯は使い放題のうえ、バスタブを洗う必要もない。怠け者のわたしにはぴったりの入浴法なのだ。また、おやじではないが、サウナの後の爽快感。夏は風に吹かれながら家に帰って飲むキンキンに冷えたビール!! わたしがお風呂場で死ぬことはまずなさそうだ。

しかし、それができるのも、ジムに通える足腰がある間だと気づき、落ち込んだ。サウナで会うお馴染みの人を見ていると、90歳台の人はまず見かけない。80代の人はいるが、皆さん相撲取りかと見間違えるほどのたっぷりしたお腹に細い下半身で、今にも転びそうで、見ているだけで怖い。湯船をまたぐ姿も危なっかしい。早朝のお風呂場は、まさにデイサービスのような風景である。

そんな姿を見ながら、彼女たちはいつまで来ることができるのだろうか、考えさせられる。それはもう時間の問題だろう。老いると「いつまでも」という言葉は辞書からなくなる。

うちの母は「絶対に、お風呂場では死にたくない」と言う。理由は、警察官に発見されたとき、老いた体を見られたくないからだとぬかす。「はっ？」。誰が老婆の裸に興味があるというのか。と意地悪な娘は冷ややかだ。

お風呂で死ぬのは幸運かもしれない

お風呂場死の統計を裏付けるように、SSSの会員の中にも、お風呂場で亡くなった方がいる。彼女は80代前半でひとり暮らし。手を骨折したことからひとり暮らしが難しくなり、サ高住に移ることを決心したようで、何か月も探し回り、値段、立地など、自分の条件に合う所を見つけたらしい。住所変更の通知が事務局に来たのは、入居と同時ぐらいだったように記憶している。

「ああ、彼女もついにひとり暮らしを断念したのね」

80代でも、元気なときのひとり暮らしはできるが、体に支障がでると難しくなるのは自然なことかもしれない。老いるのは甘くない。会員の老いを見せてもらいながら、わたしたちスタッフも自分の将来を勉強させられている。

彼女がサ高住に移転して1週間目のことだった。身元保証人を委託した会社から連絡があり、彼女が亡くなったというではないか。わたしたちは耳を疑った。老後の安全を確保するためにサ高住に移転したのに？　その安全な場所で何が起こったのか？

会社の人の話によると、お風呂場で亡くなったらしい。ひとり暮らしの場合は、同居者がいないので、倒れたときの目撃者がいない。転んだのか、寒暖差による心臓発作に見舞われたのか。湯船の中で溺れたのか。警察が教えてくれるはずもなく、もはや知るよしもない。

本人は、まだまだ生きるつもりだったからこその移転だ。彼女の死亡を聞いたときはびっくりしたが、長患いしないであの世に逝けてよかったのかなとも思っている。

80代という年齢まで生きることができた。骨折はしたかもしれないが、ひとり暮らしを続けることができた。そして、新居に移ったところで、神様が天国に連れて行った。死の恐怖もないうちにあっさりと逝けた。これ以上長生きしたら、それはそれで大変だったかもしれない。不謹慎を承知で言うと、お風呂で死ねた彼女は幸運だ。

２０２０年2月に野球評論家の野村克也さんがお風呂場で亡くなった。お手伝いさんが、ずいぶんお風呂が長いと気づき、お風呂場に向かったとき、監督はすでに妻の沙知代さんの元へと旅立っていたらしい。死因は沙知代さんと同じ虚血性心不全だったらしいが、気持ちよいお風呂の中であの世に逝けた野村監督は、幸せだったに違いない。

死ぬ時期と死に方は決められないが、もう十分に生きたかどうかは自分でわかる。そんな日が来たとき、わたしは、寒い脱衣所でぶるぶるっとしながら、熱い湯につかるつもりだが、運悪く死ねなかったら、また気を取り直して生きるしかないだろう。

自ら餓死を選んだ人

だらだら生き続けるのが一番怖い

「あなたはどのように死にたいですか」と尋ねるとき、多くの人が「ポックリ死にたい」と答える。わたしも聞かれたら、そう答えるだろう。元気で普通に暮らしているうちに年をとり、ある日、気がついたらあの世に逝っていた。いえ、気がつくこともなく、あの世に逝く。つまり、わたしたちの理想の死とは、死の恐怖も苦しさもないままにあの世に逝くことだ。これに異論のある人はいないだろう。

何年か前に、名前は忘れたがお笑い芸人とその母親が、テレビに出ていた。「母親のほうが面白い」とリポーターに言わしめた、とてもウイットに富んだ陽気な母親だったので、よく覚えている。ところが、その放送があって間もなく、そのお笑い芸人の母親が亡くなったと知った。あんなに陽気で元気だった人が死んだ？　がんか？　心臓発作か？　これまた、死因を聞いて驚いた。

夜、普通にベッドに入り、朝なかなか起きて来ないので見に行くと、死んでいたというのだ。母親はまだ60代だったので、早すぎる死ではあるが、死の恐怖も感じぬまま眠りの延長で死ねたのだから、すごいと思った。

しかし、現実問題として、ポックリ死にたくても、仏様に頼もうができるはずもないのは、皆が承知のはずだ。仮に、結果としてポックリだったとしても、願望としてのポックリは、ただの妄想でしかないのだ。

わたしの父もわたしが尊敬していたドクターも、80代でポックリ亡くなった。本人はどう感じていたのか知るよしもないが、死の恐怖なくあの世に逝けて、皆から羨ましがられている。わたしももちろんあやかりたいと思ってはいるが……。正直な話、わたしにとり、弱りながらいつまでもだらだらと生きる状況ほど、恐ろしいものはない。

命が惜しくなくなったら、自分で命を絶ちたい

先日、83歳になった今でも、精力的にＮＰＯの理事として活動を行っている男性がわたしの講演会に来てくれたのには、びっくりした。

80代になっても向学心、好奇心の衰えない人は素晴らしい。また、80代になっても活動し続けているのも素晴らしい。わたしが彼の年齢になったとき、わたしは今の活動を続けているのかしら。そんなことを考えながら会場に目をやると、居眠りをしていたので、やっぱり、普通のお爺さんだと心の中で思った。その日のテーマは、「長生きするのは大変だ。ひとりで死ぬ時代に入った」というような内容だったので、シニアの人ばかり。

ちょっとがっかりしながら話を終え、質問コーナーに入る。80代の元気そうな女性は、生きるところまで生きて後は医者まかせでいいと話す。90代の男性もいて、今は妻と暮らしているので、死については考えていないと話した。すると、さっきまで寝ていた彼が、ムクッと起きあがり手をあげると、はっきりした口調でこう言ったのだ。

「わたしは、長生きは御免です。わたしは餓死で死にたいと思っています。自分がも

う命が惜しくないと思ったときに、自ら命を絶つつもりです」

衝撃的な発言にもかかわらず、シニアばかりだったせいか、特別の反応はなかった。これが、わたしたちの団体ＳＳＳでの発言だったら、大いに沸いたに違いない。

大きな声では言えないが、わたしも餓死には関心があり、仲間たちともそのことで議論している。死を真剣に考えるとき浮かぶのは、苦しまずに死ぬこと。その中で餓死も候補にあがってくるのだ。

餓死はつらいという人もいる。生きようとする人にとってはつらい餓死だが、老いて死にゆくしかない人にとり、どうだろうか。断っておくが、わたしは餓死を勧めているわけではないので妄想として受け止めていただければありがたい。

自分らしく生きて自分らしく死ぬ。そのことを真剣に考えるとき、いろいろな妄想が出てくる。まだまだ、わたしのまわりは70前後ではあるが若いので、死に方の話は、ファンタジーでしかないが、突然出現した新型コロナウイルス感染拡大の社会において、死は身近なものとなった。

志村けんさんの死を目の当たりにし、先の心配より、今を充実して生きることの大切さをわたしは改めて感じている。

第6章　ひとりで明るく老いる秘訣

お金で安心を買える時代は終わった

100歳が普通になる時代

いくらあったら不安なく90代を迎えられるのだろうか。人生100年時代と言われ、皆がこぞってその言葉を使い、信じているようだが、この言葉は政府が、年金支給開始年齢を75歳まで引き上げるために広めた言葉だとわたしは解釈している。まあ、なんともお上手なキャッチコピーだこと。人生100年時代が流行語大賞に選ばれないのが不思議なくらいだ。素直な皆さん、政府の言うことを鵜呑みにしてはいけませんよ。裏を読まないといけない。

「これからは100歳まで生きる時代ですよ。60歳定年、65歳定年は早すぎますよ。皆さん、70歳、75歳まで働きましょう」という政府の声が聞こえる。

とはいえ、まわりを見渡すと、確かに100歳以上生きる人は多くなった。1990年代に国民的人気となった、きんさん、ぎんさんを覚えている人も多いと思うが、双子のお婆ちゃんがそろって「100歳」という年齢に、珍しいパンダを見るかのように、国民は釘付けになった。

それは、これまでに身内で100歳超えの人を見たことがなかったからだ。

「へえー、100歳でもあんなに元気でいられるんだ。すごい!!」

実は後から聞いたことだが、テレビに映るときは、元気に振る舞っている二人だが、終わった後は大福餅が潰れたように、ぺちゃんこになっていたそうだ。そうですよね。

厚生労働省の報道発表資料によると、今から約30年前のきんさん、ぎんさんが生きていた1991年の100歳以上の人口は3625人だったが、直近の2019年9月の厚生労働省の発表では7万1238人と報告されている。しかも19年度中に100歳になる人は、なんと3万7005人!

現在、「人生85年」と言われてきた時代を生きてきた85歳超えをしている方のうち、何割の方が100歳超えをするのか。もしかしたら、全員が100歳になるかもしれない。

もし、あなたが100歳超えをするとしたら、どうしますか。わたしは絶対に拒否だが、拒否したところで、いい頃合いで死ねる保証がないところが虚しい。

大事なのは、お金より食糧の確保

100歩譲って、100歳超えをすることは素晴らしいとする。しかし、そこで問題なのはお金のことだ。SSSのセミナーでもお金の専門家を呼んで、人生100年時代のお金の貯め方について勉強したことがあるが、まず、お金に関する用語（投資信託、FX、NISA、iDeCo……）がわたしには理解できず、頭がくらくらするばかり。でも、参加者はいつになく熱心で、メモをとったり質問したりで白熱していた。ひとりの人にとり、頼りになるのはお金なのだと、再認識した瞬間だった。別にそれはそれで、その人の生き方なのでわたしがとやかく言うことではないが……。

しかし、どんなに有名な経済アナリストでも、人気のファイナンシャルプランナーでも意地悪な言い方かもしれないが、時代の先を読める人はいないだろう。誰が、2

020年に新型コロナウイルスで日本経済がこんな状況になることを予測しただろうか。お金は大事だ。お金はあなどれない。しかし、程がある。

人生85年時代ならば、右肩上がりの時代（後半は平行線）だったので、老後にいくら用意すればいいかを予測することができたが、コロナショック後は予測不可能だ。

わたしがまだ50歳で日本経済も落ちついていた20年前は、「年金と持ち家と預貯金2000万円」あれば、死ぬまで心配ないと会員に自信を持って言えた。しかし、2020年以降は、そういうわけにはいかなくなったとはっきりと言える。なので、「いくらあったら安心か」という質問はもう愚問だ。

原発事故が起きたときに、わたしは「日本の終わりが始まる」と直感した。そこで、武蔵ならぬ松原惇子は考えた。大事なのはお金ではない。食糧の確保だと。自分たちの畑を持つことが大事だと、農園探しをしている中で、群馬県の昭和村と出会い今でも交流を続けている。

これからは、お米1キロ買うのに1万円、いえ10万円、そんなこともあり得る。大切なのは食糧だ。いつスーパーからモノが消えても食べていけるように考えるのが、お金を増やすより大事なことだとわたしは思っている。

時代は変わった。令和元年までのわたしのお金に関する考え方は、有料老人ホームに入居を考えている人は、何千万のお金が必要だが、自宅で死ぬつもりの人は、お金はそんなに必要ないという考え方だったが、それもまぼろしだ。

もともと、命も人生もまぼろしだ。あってないようなものだ。お金に執着するところに不安が乗りかかるのではないかと、わたしは考える。お金への感心から解き放され、人間も自然界の一部という捉え方をするとき、何が起きても動じない自分になれるような気がする。これは、絶えず、自身に言っている言葉だ。

というわけで、わたし個人のお金に関する結論は、今、持っているお金を大事にして、後は、自然の流れにまかせる、である。日本にいる限り、甘い見方かもしれないが、飢えるということは避けられるだろう。それだけで幸せだと思うことが、株で右往左往するよりいい生き方だと思うのだが、どうだろうか。人生100年時代という言葉に振り回されずに、お金のことはあまり考えずに、今日を気持ちよく生きるのがいいように思う。

わたしの結論は、自然の流れにまかせて、風まかせで生きること。できるかどうか自信はないが。

医療から遠ざかる生活

高齢者への手術や難しい治療は本当に必要か？

シニアの女性が３人集まると、決まって健康の話になる。昼間の電車の中でのシニア女性の会話は、昨日テレビで放映された健康番組の話だ。朝食は食べたほうがいいとか、食べないほうがいいとか、油はエゴマがいいとか。放映された翌日にスーパーに行くと、ちゃんと目立つところにエゴマ油が鎮座していて笑ってしまう。なんて牛耳りやすい国民なのだろうか。

そんなわたしもテレビの情報を取り入れることがあるので、人の批判はできないが、あまりにも健康にとらわれすぎてやしないか。病気になりたくない気持ちはわかるが、他にたくさんやることがある人生なのに、自分の体のことにしか関心がないのには、閉口する。

若い女性が自分の髪型と化粧にしか関心がないように、シニア女性は、外見は諦めたらしく、自分の内臓のことしか興味がないようで、首を傾げざるを得ない。

そんな光景を見るにつけ、意地悪なわたしは「そんなに健康に注意して生活していたら、100歳まで生きちゃうわよ」と脅かすと「100歳は嫌だわ」と本気で答える。「じゃ、余計なことはやめて、自然におまかせしたら」と話すのだが、聞く耳を持つ人は、あまりいない。

健康は大事だ。それは誰もが思うことだろう。しかし、そのために検査したり、病院から薬をもらって体をいじめるのはいかがなものかと思う。日本人は医療信仰が強いと言われているが、それは、権威好きに通じる。こんな言い方をしたら失礼だが、自分の目で判断できないから、権威に頼るのだ。

医者は偉い。東大は偉い。教授は偉い。すべてピンからキリまでだが、権威で物事を見る習慣がついているので、医者に言われたことを鵜呑みにして、必要のない検査の奴隷になり、あげくの果ては、ケーススタディにされてしまう。これから死に向かう年齢、65歳以上の人にとり、手術や治療は本当に必要なのか、わたしは大いに疑問を持つ。生命体が若いうちの病気は治せるかもしれないが、老いは治せないからだ。老いにつける薬はない。自分がシニアと呼ばれる70代に入り、つくづくそれを痛感している。

65歳まで大きな病気にかからずに生きてきた人は、もうそれだけで健康の項目は花丸だ。あとは残り少ない年月を、好きなように生きるだけ。それこそ体に一番いいことだとわたしは思う。

わたしが「定期健診をしてない」と言うと、驚く人がいるが、動物の中で、定期健診をしているのは人間だけだ。

頭がぼーっとする原因の多くは薬のせい

SSSの90歳近い会員に聞いてみると、いきいきしている人は薬を飲んでいない。つまり、薬を飲んでいないから元気なのだ。だいたいしょぼくれている人に限って、数種類の薬を飲んでいる。飲むなら薬よりワインを勧めたいが、医療信仰が強い人は、医者を恋人のように愛しているのでだめだ。

眠れない高齢者に医者は簡単に睡眠薬を出すが、これにもわたしは疑問を持つ。なぜなら、睡眠薬を飲んでいない90代はすこぶる元気だからだ。頭もはっきりしている。こんな言い方をしたら、頭がぼーっとしている人には申し訳ないが、年齢のせいでぼーっとしているのではなく、薬のせいよ、と言って差し上げたい。

実は頭が1ミリもボケてない94歳のわたしの母だが、一度、めまいで頭を打ち、床が血の海になり、救急車で運ばれ入院したことがある。たった1週間程度の入院にもかかわらず、退院するときは、よぼよぼの足にぼーっとした人になっていた。おかしいと思ったので、何を処方されたか聞くと睡眠薬だった。

わたしは、薬のせいでぼーっとしているのではないかと察知し、母から薬を取り上げたところ、翌日から、いつもの精気ある母に戻った。高齢になり、だるかったり、頭がぼーっとするとき、加齢のせいだと思いがちだが、わたしは言いたい。「それって薬のせいかもよ」と。薬を飲むならおいしいお酒を。お酒が飲めない人にはおいしいはちみつ入りの紅茶をおすすめしたい。

わたしが定期健診をしていないと言うと、「で、体のほうはどこも悪くないの？」と聞かれる。そしてわたしは答える。

「検査していないので知らないわ。手遅れのがん細胞があるかもしれないけど、快眠快食快便なので、それでいいことにしてるの」。あっけにとられる人もいるが、それはそれでいいと思っている。みんな、自分が信じることをすればいいのだ。

自分の体のことは自分が一番知っている。食べ過ぎると必ずお腹が痛くなる。体はきちんとサインを出してくれる。わたしは健康や病気のことは自然にまかせることにしている。だから、特別な予防もしていない。まあ、性格的に規則正しいことが、苦手なせいもあるが。

65歳を迎えられた人は、健康花丸の人だ。後は自然の神様におまかせするのはどうですか。糖質に詳しくなるより、自分の残り少ない人生において、やり残したことはないか、そちらに関心を持つほうがいい生き方のように、わたしは思う。

死ぬまで家事をし続ける

妻に先立たれてもうろたえないために

老いても前向きに生きたいと思うなら、生活面で自立することではないかと、まわりを見ていて思う。老いてひとり暮らしになっても、元気に暮らしているのは、今さら言うまでもないが女性だ。女性は、家事を日常的にやってきているので、80代になろうが90代になろうが、食事を作ったり片付けたりゴミを捨てたりできるが、問題は男性だ。家事は妻にまかせっきりで、ご飯一つ炊けない男性は生きていくのが大変になるだろう。

これはわたしの持論だが、人間である以上、男も女も関係なく生活の自立ができてなくてはいけない。生活の基本である炊事、洗濯、掃除は、人にやってもらうことではなく、自分ですることだ。たまたま、料理が得意な妻を持ち、炊事をしないですむラッキーな男性もいるが、残念ながら、それも65歳までの話だ。

どんなにお金があろうが高い地位についていた人であろうが、65歳からの道のりは長くてつらい。はっきり言って、妻を頼っている男性の老後は悲惨だ。なぜなら、家事を見くびっているからだ。家事は、女の仕事ではない。生きる基本である家事ができるか否かで、先は暗くも明るくもなる。

もう会社に通勤することもない年齢になったら、最低でも、自分のご飯の支度は自分でできる炊事能力を身につけるべきだ。猿ではないのだから、包丁も持てるでしょうに。

昨今は、妻に教わらなくても料理教室はたくさん存在するし、ネットでもレシピが公開されている時代だ。また、意外と料理にはまる男性も多い。なぜなら、料理は創作なので、のめり込むとおもしろいからだ。飯炊きは、女の仕事と高を括っている男性には、そのうち天罰がきますよ。

先日、サウナで、奥さんたちの会話を聞くともなく聞いていた。よくある旦那の愚痴だ。ひとりが、「うちの主人ったら何にもできないのよ。今日も夕飯を用意してから、わたしは、サウナに来たの。自分で作らないくせに、文句ばかり言うから頭にきちゃう」

他の女性たちも、同感と頷いている。主婦の皆さんは、夫の世話を終えてサウナに来るのだ。すると、ひとりの女性が割って入った。

「あら、そういうものなの？　うちの主人は、自分で夕飯作りますよ」

サウナ室にどよめきが起こった。わたしは自立した夫がいることに喜びを覚えた。そして、彼女は話しだした。

「うちの主人もね、何もしない人だったのよ。お勝手になんか立ったこともない。ハハハ、実はね、わたしが夫を教育したの。最近は妻が先に亡くなるケースも多いでしょ。わたしが先に亡くなっても困らないように、夫に、自分で作れるようにしたほうがいいわよって。退職もしたことだしさ。そうしたらやりだしたのよ。今では、わたしより上手よ」

夫に生活の自立を促したのは妻だったのだ。長い老後を明るく送るためにはお互いが生活の自立をしていることが大事だという見本を目の前にし、妻による夫改革も密かに進んでいることがうれしかった。

男性の皆さま、元気な今こそ家事を始めよう

料理をする人は老化が遅い。それは、頭や手先を使い続けているからだろう。そのことは、うちの94歳の母で実証されている。だから、特別な運動をする必要がないのだ。

認知症予防体操もいいが、家事こそが元気な90代になれる基本かなと思う。98歳になってもかくしゃくとしている男性が近所にいるが、ほとんど外出はしないが、家の中はきれいに片付いていると聞いた。朝のゴミ出しも自分でやっている。できることは自分でやり続けているから、98歳にしてひとり暮らしができるのだと、いつも感心して見ている。

まだ、老人になるまでにたっぷり時間のある男性には、炊事、洗濯、掃除の家事を習得することをお勧めしたい。というか「自分でやってよ！」

2018年の冬季オリンピックの中継でおもしろい光景を見た。スノーボードのフ

ィンランド代表コーチの男性がスタート台の脇で編み物をしていた。これから自分の選手が滑るというときにだ。「そのときは、まあ、変わったコーチだこと」ぐらいにしか思わなかったが、後日、視察でフィンランドに行ったとき、彼の行動の謎が解けた。

フィンランドという国は、ご存知のように男女平等、福祉の国、世界一幸せな国と言われている。それはどういうことかというと、男女関係なく生活の自立は最低のこととして、教育されているからだ。裁縫を女のものと考える日本人とは大違いだ。

裁縫は自立生活においてとても重要なことなので、男女共に必須科目なのだ。つまり、男でも自分のはくソックスは自分で編む。フィンランドの冬は寒いので、家でスリッパの代わりに自分で編んだ靴下をはく習慣がある。

コーチの彼は、編み物にはまっていて、ひと目でも多く編みたかったので、あの場でも編んでいたに違いない。編み物の好きな人は、その気持ち、わかりますよね。わたしも高校生のとき、ひと目でも多く編みたくて電車の中で鍵編みをしていたことがある。

また、フィンランドでは徴兵制度があるので、団体行動の中で掃除片付けが身に着くそうだ。日本の男性が、家事ができないのが当たり前なのは、国の教育方針のせいだともいえる。まあ、とにかく日本の男性は化石みたいな人間が多すぎて、使い物にならないわ。

鳥だって自分の食べる物は自分でとりに行く。人に餌を与えてもらっているのは動物園の動物と家畜だけだ。さあ、日本男性の皆さま、ひとりになっても明るく元気で暮らせるように、今から家事に興味を持ちましょう。

孤独力を身につける

寂しいときは、自分で自分を楽しませる

幸せなひとり暮らしの基本は、孤独力ではないだろうか。孤独は、ロンリー（＝ひとりが寂しい）と、ソリチュード（＝ひとりを好み、愛する）で表現されるように二面性を持ち合わせている。日本人のわたしたちは、孤独というと「寂しい」を連想しがちだが、欧州では、孤独は自立と自由を意味する。

わたしも、「孤独だなあ」と言うとき、寂しい気持ちを表すために用いることが多いが、ひとりぼっちの自由という素晴らしさもあるのだ。

連れ合いを亡くし、友達も亡くなり、子供が来るのは年に一度というように、年をとればとるほど寂しい環境に置かれる。そして、そのうち忘れられる。年をとってから試されるのがこの孤独力だ。

自分を楽しませるのは人ではなく自分。寂しい気持ちに襲われたとき、人と会って気持ちを紛らわすのはいいが、そこでぐっと耐えて、自分で自分を楽しませる方向に気持ちを向けてみたい。なかなか、難しいことだが、寂しい気持ちを埋めるために人を求めないことだ。人を利用して孤独を回避しないことだ。

誰もが、人間である以上、孤独だ。理由もなく寂しくなったり、電話が鳴らなくて寂しくなるとき、「自分はなんて孤独なのだろう」と、暗い気持ちになるものだ。まだ、生命体が若いときは、忙しさで紛らわすことができるが、老いが孤独を加速させる。何もしないでいたら、家から一歩も出ずに孤独地獄の中で息絶えることになりかねない。

夫や子供がいないのは、寂しいどころか自由で最高

「こんなに明るいひとり暮らしなら、長生きしてもいいかな」と思わせる人の共通点

は、強い孤独力を持っていることだ。彼らは、むやみに寂しがらない。それどころか、心の中は知らないが、いつ会ってもにこにこしている。ひとり暮らしで話し相手も子供もいないのにである。

彼らが口々に言うのは、ひとり暮らしは煩わしい人間関係がないからいいという。夫や子供がいないのは寂しいどころか自由でいいという。「誰もいないって、せいせいして最高よ。教えてあげたいわ。ひとりの素晴らしさを」とピンクの口紅がかわいい88歳の女性が言っていた。

病気になったとき、ひとりの人は誰が世話をしてくれるのか。何かあったときのことを考え、人を求めて不安になる人は多いが、それは違うと89歳のひとり暮らしの女性は言う。

人は孤独な暮らしと言うかもしれないが、自分は自由を謳歌して生きているという。自分で一日のスケジュールを決め、それにしたがって行動する。今日は料理を作ろう。明日はウオーキングに行こう。ひとりで晩酌しながらスポーツ中継を見よう。

すべてが自分次第で動ける自由な生活は最高だという。そして、ここがわたしの好きなフレーズなのだが、90歳近くになると、命の短さに気づき、もう寂しいなどという感傷に浸ってられないと言った。

同じ高齢でも、今までの生きて来た道が違うように、心持ちも大きく違う。いつまでも寂しい人、いつまでも人を求める人もいれば、ひとりの自由を謳歌している人もいる。これからの時代には、老いて孤独を楽しめる人が勝ちだと、わたしは素敵なアラ90《ナインティ》（アラウンド90歳）に会うたびに思う。

寂しいなあと言ってないで、感謝の言葉を使うようにしたら、力が湧くはずだ。ひとりを満喫している90歳の方は、毎晩寝る前に、自分の体の部位に手をあてて、「ありがとう、心臓さん」「ありがとう、膝さん」と感謝を捧げるそうだ。そうすると、体が喜ぶのがわかり、明日も楽しく生きようと思うのだそうだ。皆さん、努力しているのだ。孤独を味方につける自分なりの言葉のマジックを持っているのだ。

明るい色を身につける

服装は環境の一部。くすんだ色をやめ、お花畑の色に

とても大事なことなのに、とてもおろそかにされていることがある。それは、服装に気を使い、身ぎれいに暮らすことだ。人に会うわけではないから服装なんかどうでもいい。体にいい食べ物や体にいい運動にはめちゃくちゃ一生懸命なのに、服装の話になると「そんなもの買っても」と、ファッションが好きな人を浪費家のように思っているシニアは多い。

服装は自分の体にまとうものなので、自分の一部だ。外見、それはあなた。内面だ

けがあなたではない。そういう認識が日本の人にはなさすぎるような気がする。

ずいぶん前になるが、猫に指を噛まれ、血だらけになったときに駆け込んだ総合病院で見た光景が今でも忘れられない。定期健診をしないわたしが病院に行くことは、ほとんどないので、待合室にいる人の色がくすんだベージュ色ばかりなのに驚いた。しかもシニアばかりだ。なんて色なのか。古びた雑巾のような色だ。日本人は色の感覚がないのか。それとも、目立たないように地味な服装をしているうちに、明るい色に手が伸びなくなったのか。申し訳ないが、思わず出た言葉は「きたなーーい！」

それにしても、淀んでいる。高齢というだけでどんどん淀んでいくのに、地味な色でさらに拍車をかけて汚くなる必要はないと思うが。これが一般的な日本のシニアなのだろう。

今の高齢者で服装に気づかう人はとても少ないように思われる。服装なんてどうでもいいことなのか。それより認知症予防体操のほうが大事なのか。そんな、老いの心配ばかりしているから、心まで老いてしまうのだ。

今の高齢者に服装の話をしても、変える気もなさそうなので、これ以上話さないが、団塊世代が80歳になるときは、少しはきれいな色を着た人が増えると期待している。

わたしは講演会のたびに、「女性は花なのだからきれいな色を着ましょう」と言うことにしている。東京の人は黒がお好きなようで、お葬式みたいな色が多いので、こっちのテンションまで下げられそうになる。一方、関西はお花畑のようにカラフルだ。センスがいいとは言わないが、会場が華やぐ。

「何を着ても自由でしょ」と言う人もいるが、おっしゃるとおり。何を着ても自由だ。しかし、あなたの服を見るのは、他人のわたしだということを忘れてほしくない。

あなたの服装は環境の一部なのだ。家では、無彩色でもいいが、外に出るときは、お花のようにきれいな色のモノを着るなり身に着けてみたらどうだろうか。そう、町を歩く人のためにきれいな色を着て出かけるのよ。古びた雑巾の色が似合うのは30代までだ。ぴちぴち肌にくすんだ色は似合うが、くすんだシニアの肌には、さらに汚さを際立たせるだけなので、やめませんか。

色の力で、うんざりする老いから逃れよう

時々、電車の中で目を引く素敵な高齢者を見ることがある。わたしはそんなとき、心の中で言う。「わあ、お花だわ！」

先日、地下鉄で見た80代くらいの女性の服装は今でも目に焼き付いている。上下赤のイッセイ ミヤケのプリーツの服で、オレンジ色の帽子をかぶっていた。シニアにはビビッドな色だが本当によく似合う。

思わず声をかけそうになるほど、その方が車内にいるだけで、こちらの気持ちも明るくさせられた。一緒にいた方は60代ぐらいの女性だったが、完全に負けていた。

ものすごくおしゃれである必要はないが、65歳を過ぎたら、きれいな色を身に着ける意識を持ちたい。無彩色やくすんだ色は無難だが、老いてこそきれいな色が似合うので、お願いだから、今日から変わってください。そうすれば、まわりの人から「きれい」「かわいい」と言われて、大事にされるので、年をとるのがもっと楽しくなるはずだ。

気持ちが荒むときは暗い色に手がいくものだ。グレーと黄色の服があったら、グレーに手が伸びる。黄色に手が行くときは、心が晴れやかなときだ。でも、逆も真なりで、老いてうんざりしていても、黄色を着て外に出ると、不思議と元気になれるものである。

老いとともに、クローゼットの中をくすんだ色からカラフルに変えたい。色の力を借りて、うんざりする老いから逃れ、いきいきした自分になりたい。わたしが知る90代のいきいきした女性の共通点は、服装に気を使っていることだ。センスがいいかどうかは別として、赤やローズピンクなどを取り入れているので、顔はしわくちゃでもかわいく見える。

90歳の方が言っていたが、鏡を見るたびに、自分のしわくちゃな顔にがっかりすると。それは本音だろう。だからこそ、明るい色の服や小物を持ち、出かけると言っていた。汚い90歳にならないためには、今からカラフルな色を身に着けて、色に慣れておくのはどうですか。不思議なもので、こんな色は似合わないと思えるショッキングピンクでも、しわしわの顔には、よく似合うのでお試しあれ。

女性の場合は、きれいな色の服でも小物でも身に着けること。男性の場合は、アイロンのきいた清潔な服を身に着けること。こんな簡単なことで、クタクタの老いぼれにならないですむならトライする価値ありでしょ。それでも、頑固に汚い色をお召しになるなら、ご自由に。人には、汚い色を着る自由もあるのだから。

没頭力を養う

退屈ほど恐ろしいものはない

人生は85歳からが正念場だと、まわりの80代の方を見ていると思う。ひと昔前の長寿の目安が85歳だったことを思えば、人間の死にどきは85歳か。寿命が延びるということは、死に至るまでの辛い時間が伸びることでもある。その辛い時間を充実させて生きるには、知恵が必要だ。

失礼な言い方だが、85歳を超えた方を観察していると二つの種類にわけることができる。好きなことがある人と、ない人の2種類だ。85歳からの膨大な自由時間を想像するとき、目の前がくらくらするときがあるが、何をして過ごすかの準備は今からしておいたほうがいいだろう。

ここに好きなことがない落合さん（仮名・85歳）がいる。彼女は70歳まで働いてきた方なので、もう仕事はしたくないと言うことから、それ以後は、自治体主催の教室やジムに通っていた。杖もつかずに歩けるので体は元気だが、忍び寄る老いには勝てず、だんだん通うのがおっくうになってきたと言う。「かったるい」という口癖が彼女の状況を表している。

その話を聞いて、彼女に、外に行くことから家で楽しめることへの転換期が来たのだと思った。しかし、彼女は、家でやりたい趣味はないと言う。かといって、一日中テレビを観ている生活もしたくないと、大きく首を振った。

彼女は好きだからジムや教室に行っているのではなく、家の中に居たくないから外に行くだけだと言うのだ。聞いたときはちょっと理解できなかったが、家で退屈をもてあましているのが嫌だから、行くところを作っているのだ。

彼女はつくづくというように言った。「年をとると、退屈ほど恐ろしいものはないわよ」

人生の最終章は、ひとり静かに好きなことを

一方、90歳の大田さん（仮名）は、手仕事が大好き。家でパッチワークをやっていると時間を忘れてしまうと笑う。この布とこの布を合わせて……、などと考えていると何時間あっても時間が足りないと言う。

わたしは二人の方の話を聞いていて、時間を忘れて没頭できるものを持つのは、老いを生きる上で重要なことだと気づかされた。

人がいなくてもひとりで没頭できるものというと、手芸や絵画、書道、料理、俳句など、簡単に始めることができて、終わりがないもの。

わたしは子供のころ、手芸が好きで、レース編みやフランス刺繍《ししゅう》、スウェーデン刺繍、いろいろ手を出していた。

しかし、大人になるにつれ仕事中心の生活になり、好きだった手芸を忘れていたことに気づき、再開する気になった。

どこまで生きるかわからないが、外出がままならなくなったら、ひとり静かに手芸をしようと思ったら、生きる気がしてきた。もし目が悪くて、針を持つのがつらくな

ったら？　それはそうなった時に考えればいい。

先の不安より今日を一生懸命生きる。老いを生ききるコツは、それにつきるのではないだろうか。

著者略歴

松原惇子（まつばら・じゅんこ）

1947年、埼玉県生まれ。昭和女子大学卒業後、ニューヨーク市立クイーンズカレッジにて、カウンセリングで修士課程修了。39歳のとき『女が家を買うとき』（文藝春秋）で作家デビュー。3作目の『クロワッサン症候群』（文藝春秋）はベストセラーとなる。
女性ひとりの生き方をテーマに執筆、講演活動を行っており、1998年には、おひとりさまの終活を応援する団体、NPO法人SSS（スリーエス）ネットワークを立ち上げる。
著書に『老後ひとりぼっち』『長生き地獄』『孤独こそ最高の老後』（SB新書）、『老後はひとりがいちばん』（海竜社）ほか多数。

■NPO法人SSSネットワーク
https://www.sss-network.com/
■E-mail
sss@bird.ocn.ne.jp

SB新書　522

ひとりで老《お》いるということ

2020年10月15日　初版第1刷発行
2024年 2 月 3 日　初版第6刷発行

著　　者　松《まつ》原《ばら》惇《じゅん》子《こ》

発 行 者　小川 淳

発 行 所　SBクリエイティブ株式会社
〒105-0001　東京都港区虎ノ門2-2-1

装　　幀　長坂勇司（nagasaka design）
組　　版　株式会社キャップス
校　　正　根山あゆみ
印刷·製本　大日本印刷株式会社

本書をお読みになったご意見・ご感想を下記URL、
または左記QRコードよりお寄せください。

https://isbn2.sbcr.jp/04929/

落丁本、乱丁本は小社営業部にてお取り替えいたします。定価はカバーに記載されております。本書の内容に関するご質問等は、小社学芸書籍編集部まで必ず書面にてご連絡いただきますようお願いいたします。

ISBN 978-4-8156-0492-9

［新装版］アフリカで誕生した人類が日本人になるまで
溝口優司

いい教師の条件
諸富祥彦

他人の期待に応えない
清水　研

捨てられる宗教
島田裕巳

嫌われるジャーナリスト
望月衣塑子
田原総一朗

ひきこもれ〈新装版〉
吉本隆明

コロナウイルスの終息とは、撲滅ではなく共存
池上彰＋「池上彰緊急スペシャル！」制作チーム

新聞の大罪
ヘンリー・S・ストークス

郵便局はあぶない
荻原博子

中国はなぜ、何があっても謝れないのか
石　平

医者が教える110歳の秘訣　志賀　貢

お金の減らし方　森　博嗣

ゼロからはじめる力　堀江貴文

棄民世代　藤田孝典

知ってはいけない明治維新の真実　原田伊織

なんのために学ぶのか　池上　彰

定年後からの孤独入門　河合　薫

新しい日本人論　加瀬英明　石　平　ケント・ギルバート

営業はいらない　三戸政和

異端のすすめ　強みを武器にする生き方　橋下　徹

SB新書

英国人記者が見抜いた戦後史の正体　ヘンリー・S・ストークス

ルポ　定形外家族　わたしの家は「ふつう」じゃない　大塚玲子

日本人の給料はなぜこんなに安いのか　坂口孝則

裁判官失格　高橋隆一

「発達障害」だけで子どもを見ないで　その子の「不可解」を理解する　田中康雄

本能寺前夜　山名美和子

続　定年バカ　勢古浩爾

日本の貧困女子　中村淳彦

退職代行　小澤亜季子

難しいことはわかりませんが、統計学について教えてください！　小島寛之

SB新書

医者の大罪　近藤　誁

倒産の前兆　帝国データバンク　情報部

ヒマつぶしの作法　東海林さだお

筋トレは下半身だけやればいい　坂詰真二

2020年からの新しい学力　石川一郎

お金の未来年表　朝倉智也

麹町中学校の型破り校長　非常識な教え　工藤勇一

支配の構造　堤　未果　中島岳志　大澤真幸　高橋源一郎

知ってはいけない医者の正体　平松　類

がん外科医の本音　中山祐次郎

SB新書

ひとりぼっち時代の乗り切り方
老後ひとりぼっち
松原惇子

「長生き＝幸福」の時代は終わった！
長生き地獄
松原惇子

孤独を逃れようとするほど老後は不幸になる
孤独こそ最高の老後
松原惇子

人は好きなことをやるために生きている！
哀しみがあるから人生は面白い
下重暁子
弘兼憲史

あなたは人生で何を遺すすか
こころの相続
五木寛之